Karlfried Graf Dürckheim
Der Weg ist das Ziel

In der Reihe »Zeugen des Jahrhunderts«
sind bereits erschienen:

Jean Améry: Der Grenzgänger
Rudolf Arnheim: Zauber des Sehens
Rudolf Augstein: Macht und Gegenmacht
Bruno Bettelheim: Erziehung zum Leben
Günter de Bruyn: Was ich noch schreiben will
Marta Feuchtwanger: Leben mit Lion
Hildegard Hamm-Brücher: Mut zur Politik
Wolfgang Hildesheimer: Ich werde nun schweigen
Hans Jonas: Erkenntnis und Verantwortung
Wolfgang Koeppen: Ohne Absicht
Heinrich Maria Ledig-Rowohlt: Prince Henry
Friedrich Luft: Die Stimme der Kritik
Elisabeth Mann Borgese: Die Meer-Frau
Yehudi Menuhin: Wunderkind und Weltgewissen
Freya von Moltke: Die Kreisauerin
Gottfried Reinhardt: Hollywood, Hollywood
Alphons Silbermann: Glücklich und bedeutsam
Hilde Spiel: Die Grande Dame

Karlfried Graf Dürckheim

Der Weg ist das Ziel

Gespräch mit Karl Schnelting
in der Reihe
»Zeugen des Jahrhunderts«
herausgegeben von Ingo Hermann

Redaktion: Jürgen Voigt

Bitte fordern Sie unser kostenloses Gesamtverzeichnis an:
Lamuv erlag, Postfach 26 05, D-37016 Göttingen

Gedruckt auf 100 RC Book Paper
100 Prozent Altpapier
der Firma Steinbeis Temming Papier GmbH, Glückstadt

1. Auflage 1995
© Copyright Lamuv Verlag GmbH, Göttingen 1992, 1995
Alle Rechte vorbehalten

Umschlaggestaltung: Gerhard Steidl
unter Verwendung eines Fotos von Isolde Ohlbaum
Gesamtherstellung: Steidl, Göttingen
Printed in Germany
ISBN 3-88977-424-5

Inhaltsverzeichnis

Karl Schnelting:

    Wer kippt hat keine Kraft – Eine
    Begegnung mit Graf Dürckheim 7

Der Weg ist das Ziel 13

    Im Zeichen der Großen Erfahrung 15
    Schritte ins Leben 20
    Jahre an der Front 23
    Gegner der Revolution 26
    Das »Quadrat« 29
    Der Hochschullehrer 32
    »Büro Ribbentrop« 36
    Erlebnis und Wandlung 43
    West-östliches Zen 51
    Erschütternd und geheimnisvoll 57
    Durchbruch zum Wesen 65
    Blick nach innen 75
    Selbsterkenntnis durch Kreativität 83
    Die Erdmitte des Menschen 86
    Ein Faustschlag auf den Bauch 93
    Der Leib und die personale Mitte 96
    Indien 100
    Der innere Meister 103
    Die Wirklichkeit des Göttlichen 106
    Letzte Dinge 112

Anhang 115

    Anmerkungen zum Gespräch 117
    Karlfried Graf Dürckheim:
    Bibliographie 119
    Karlfried Graf Dürckheim:
    Lebensdaten 122
    Ingo Hermann: Über die Reihe
    »Zeugen des Jahrhunderts« 125

Wer kippt, hat keine Kraft
Eine Begegnung mit Graf Dürckheim

Meine erste Begegnung mit dem »Zeugen des Jahrhunderts« Karlfried Graf Dürckheim, im September 1984, ist mir wegen einer sonst eher beiläufig ausgeführten Geste bis heute unvergeßlich. Ich war mit einem für die technische Aufzeichnung des Gesprächs verantwortlichen Kollegen des ZDF nach Todtmoos-Rütte zur sogenannten VB, der Vorbesichtigung, gefahren und traf Graf Dürckheim im »Doktorhaus« an. So wurde das bescheidene Schwarzwaldhaus in Rütte genannt, in dem Karl Friedrich Alfred Heinrich Ferdinand Maria Graf Eckbrecht von Dürckheim-Montmartin – so sein voller Name – mit seiner Lebensgefährtin Maria Hippius wohnte. Er kam die Holztreppe herunter, und wir reichten uns die Hand. In demselben Augenblick hatte ich das untrügliche Gefühl, das mich wie ein Blitz durchfuhr: Hier ist im Händedruck die volle Präsenz einer großen Seele, die sich verschenkt, und ich selbst bleibe mit dem, was ich in diese Begrüßung hineinlege, weit dahinter zurück. Er hatte die einfache Geste mit soviel warmer Menschlichkeit ausgefüllt, wie ich es bei niemandem zuvor erlebt hatte. Mir ist gut erinnerlich, daß ich – noch während des Händedrucks – zugleich Beglückung und Beschämung empfand. In wenigen Sekunden erlebte ich die Verwirklichung dessen, was mir Jahre später eine andere Meister-Persönlichkeit ausdrücklich anempfahl: jeden Händedruck mit der Vorstellung zu begleiten, daß man sich dem anderen öffne und ihm über die Hand Ströme von Segen und Licht zukommen lasse.

Als wir uns zum Gespräch in sein Zimmer begeben hatten, zündete er als erstes auf seinem Schreibtisch eine Kerze an, offenbar ein häufig geübtes Ritual: Er, der damals sein Augenlicht bereits weitgehend eingebüßt hatte, fühlte Streichholz und Kerze mehr, als daß er sie sah. Die Fernsehaufzeichnung fand dann wenig später in seinem Häuschen am Waldrand statt, das etwas höher als das »Doktorhaus« lag und in das er sich zur Arbeit und zur Meditation zurückzuziehen pflegte. Wieviel Unruhe und Unordnung brachten wir mit unserer fernsehtechnischen Einrichtung in diese Stille! Und wie oft wurde seine Geduld strapaziert, wenn sich die Vorbereitungen für die Aufzeichnung über Gebühr hinzogen! Doch er strahlte stets die ihm eigene heitere Gelassenheit auf das ganze Team aus.

Das Gespräch mit dem damals fast 88jährigen Grafen dürfte in der Fernsehreihe »Zeugen des Jahrhunderts« das einzige sein, in dem ein Zeuge vor laufenden Kameras »Übersinnliches« demonstriert. Als er von der Ki-Kraft sprach, der »kosmischen Energie, die man nicht selbst erzeugen kann, sondern die da ist, wenn man sie zuläßt«, fragte ich ihn, ob er dies einmal für die Zuschauer vorführen könne. Er erhob sich, streckte seinen Arm aus und forderte mich auf, ihn im Ellbogen zu knicken. Er werde versuchen, ihn mit Körperkraft gestreckt zu halten. Natürlich konnte ich seinen Widerstand überwinden, indem ich seine Hand festhielt und seinen Ellbogen nach unten drückte. »Gut«, meinte er, »nun aber lasse ich die Ki-Kraft in den Arm fließen, und Sie versuchen es wieder.« Obwohl er dieses Mal sichtlich keine körperliche Anstrengung machte, war es mir unmöglich, seinen gestreckten Arm zu biegen. Ich wandte soviel Kraft auf, daß ich fast fürchten mußte, ihm den Arm zu brechen, doch er schien wie aus Stahl. Diese »erstaunliche Fähigkeit« Dürckheims apostrophiert auch sein Biograph Gerhard Wehr, der in »Karlfried Graf Dürckheim, ein Leben im Zeichen der Wandlung« (München 1988) diese kleine Episode des Fernsehens erwähnt. Ki war für ihn die Kraft, die in Hara, der Leibmitte, ihren Sitz hat, und bei einem meiner Gespräche am Rande der Aufzeichnung schlug er auch mir, wie er es mit vielen seiner Bekannten zu tun pflegte, mit einem kräftigen Faustschlag auf den Muskel unterhalb des Nabels. »Und wenn der Betreffende kippt, also mit dem Kopf nach vorne fällt, dann ist er eben nicht im Hara, hat er keine Kraft.« Er schien eher erstaunt, daß der ihn interviewende Fernsehmann nicht kippte.

Graf Dürckheim war sich des großen, eigenständigen Anteils von Maria Hippius am Aufbau der »Initiatischen Therapie« bewußt, bei der sie die tiefenpsychologische und archetypische Fundierung und Ausrichtung vertrat. Auch wenn er, der vielfache Buchautor und faszinierende Redner, als die nach außen beherrschende Gestalt in Erscheinung trat, war er als vollendeter Gentleman stets darum bemüht – auch mir gegenüber –, ihre Verdienste ins rechte Licht zu rücken. Nicht zuletzt dank seiner Anregung kam auch Maria Hippius im ZDF als Zeugin des Jahrhunderts zu Wort.

Erst später, 1988, nach Erscheinen der erwähnten Biographie von Gerhard Wehr, wurde mir bekannt, wie sehr Graf Dürckheims deutschnationale Grundhaltung ihn auch für nationalsozialistische Gedankengänge eingenommen hatte. Daß er als »Nichtarier«, als Enkel einer jüdischen Großmutter, Nachteile in Kauf nehmen mußte, war nur ein Teil der Wahrheit. Aus heutiger Sicht hätte ich ihn gerne zu einer bewertenden Rückschau veranlaßt, zu einer möglicherweise ihn selbst und seine Freunde befreienden Äußerung. In der Biographie wird er mit dem Satz zitiert: »Früher habe ich manchmal braune Hemden getragen, aber das war ein Fehler.«

Karlfried Graf Dürckheim starb am 28. Dezember 1988. Die Nachwelt wird zu Recht das würdigen, was er nach 1945 unzähligen Menschen in Rütte und an vielen anderen Orten als Lehrer, als Therapeut, als geistiger Berater, als Autor und begnadeter Redner zu geben vermochte. Immer ging es ihm darum, dem einzelnen den Durchbruch zu seinem »Wesen« zu ermöglichen, wobei er unter »Wesen« die individuelle Weise verstand, »in der das Überweltliche, das göttliche Sein im Menschen anwesend ist und in ihm und durch ihn offenbar werden möchte«. Er wollte Hilfestellungen geben im Anbruch einer neuen Zeit, für die er gern das Wort Jesu aus dem Thomas-Evangelium in Erinnerung rief: »Ihr müßt mich in euch erfahren, dann werdet ihr euch selbst als Söhne Gottes erleben.«

Karl Schnelting

Der Weg ist das Ziel

Das Gespräch wurde vom
25. bis 27. September 1984 aufgezeichnet.

Im Zeichen der Großen Erfahrung

Viele Menschen haben nach einer Begegnung mit Ihnen, Graf Dürckheim, zu einem neuen Leben gefunden. Und Ihr Lebenswerk ist wie ein einziger Hinweis darauf, daß es über das hinaus, was wir normalerweise als die Wirklichkeit betrachten, eine tiefere Realität gibt, von der Sie nun sagen: Sie kann erfahren, und sie kann als ein Potential entwickelt werden.

Als Sie sich nach dem Ersten Weltkrieg der Psychologie zuwandten, hat es Sie da nicht enttäuscht, was Ihnen diese Wissenschaft als Bild vom Menschen bot? Ist es nicht so, daß, wenn man die Psychologie in der Weise der Naturwissenschaften betreibt, das Eigentliche des Menschen weitgehend ausgeklammert bleibt?

Für mich rückte sehr bald die Frage nach dem »neuen Menschen« in den Mittelpunkt, die ja nach dem Ersten Weltkrieg von vielen diskutiert wurde.

Was gab Ihnen den Anstoß?

Es war während eines Besuches bei dem Münchner Maler Willi Geiger. Meine spätere Frau Enja von Hattingberg griff gedankenlos nach einem Buch von Laotse, dem »Tao-te-king«. Sie schlug es auf und las den elften Spruch: »Dreißig Speichen treffen die Nabe, aber das Leere zwischen ihnen erwirkt das

Wesen des Rades; aus Ton entstehen Töpfe, aber das Leere in ihnen macht das Wesen des Topfes.« – Und dieses Wort: »das Leere in ihnen« schlug bei mir wie ein Blitz ein. Ich fühlte mich plötzlich verwandelt, in eine ganz andere Dimension gehoben. Plötzlich waren alle Dinge für mich doppelt. Ich konnte mich zwei Tage kaum halten vor der Wucht dieser plötzlichen Einsicht, daß alles, was mich umgibt, eigentlich einen doppelten Wirklichkeitsgehalt hat. Die Dinge waren das, was sie unmittelbar für unsere Sinne sind, und waren überdies noch etwas ganz anderes: nämlich das, was ich später »das Wesen« genannt habe. Das ist die Weise, in der eine höhere Welt sich in unserer raumzeitlichen Wirklichkeit manifestiert.

Der Begriff »Wesen« kommt ja auch in diesem Satz von Laotse mehrfach vor. Ich darf vielleicht einige Zeilen weiterlesen: »Mauern mit Fenstern und Türen bilden ein Haus, aber das Leere in ihnen erwirkt das Wesen des Hauses. Grundsätzlich: Das Stoffliche birgt Nutzbarkeit; das Unstoffliche wirkt Wesenheit.«
Nun haben Menschen zu allen Zeiten Erlebnisse, man kann sie Erleuchtungserlebnisse nennen, mit ähnlichen Worten beschrieben. In neuerer Zeit haben sich auch Naturwissenschaftler zu solchen Erfahrungen bekannt. Gibt es gewisse übereinstimmende Merkmale solcher Erleuchtungserlebnisse?

Ja, es ist die Erfahrung, daß es noch eine ganz andere Dimension gibt als die unserer fünf Sinne, eine andere Dimension als die sogenannte wissenschaftlich faßbare.

Sie sagen also, daß der Naturwissenschaftler eine eingeengte Sicht der Wirklichkeit hat.

Es gibt Naturwissenschaftler, die eine eingeengte Sicht in bezug auf den Menschen...

... aber das Wesen der Naturwissenschaft ist doch, daß ich nur das anerkenne, was ich beweisen, was ich messen, was ich begrifflich fixieren kann. Und die Naturwissenschaften grenzen von vornherein alles andere aus.

Aber nicht notwendigerweise der Naturwissenschaftler! Nehmen Sie einen Mann wie Carl Friedrich von Weizsäcker, der über den »Garten des Menschlichen« ein Buch schrieb.

Nicht nur Naturwissenschaftler sehen heute ein, daß mit den Naturwissenschaften über die wahre Wirklichkeit, über den Sinn des Lebens und über die Bestimmung des Menschen nichts ausgesagt werden kann. Hier stoßen wir alle an eine Grenze. Das naturwissenschaftliche Zeitalter führt uns zu der Erkenntnis, daß wir uns einer inneren Erfahrung zuwenden müssen. Das ist eine grundlegende Einsicht, die viele, auch viele Naturwissenschaftler, international bekunden, vor allem die Elementarteilchenphysiker. Wenn sie zu den kleinsten Einheiten kommen, erfah-

ren sie eine Wirklichkeit, die sie nur noch mit Bildern erklären können.

Ja, da wäre zum Beispiel Charon, der berühmte Physiker. Er erzählte, daß für ihn die kleinsten Teilchen des menschlichen Leibes Lichtpunkte sind. Es tauchen an den Grenzen der naturwissenschaftlichen Erkenntnis Möglichkeiten auf, unsere raumzeitliche Wirklichkeit zu überschreiten. Das sind Erlebnisse von besonderer Tiefe, von einem besonderen Glanz. Der Mensch erkennt heute, daß eben das, was man »psychologische Wirklichkeit« nennt, der Quell seiner eigentlich tiefsten Seins-Erfahrung ist.

Das ist ja um so erstaunlicher, als in den dreihundert Jahren des naturwissenschaftlichen Zeitalters, das nun, wie manche meinen, zu Ende geht, mit jeder neuen wissenschaftlichen Erkenntnis ein Stück des Glaubens zurückgedrängt wurde. Und jetzt plötzlich gibt es ein neues Gespräch zwischen denen, die die spirituelle Tradition wahren, und denen, die mit rein naturwissenschaftlichen Methoden in die Wirklichkeit einzudringen versuchen.

Der Naturwissenschaftler wird auf dem Höhepunkt seines Erkenntnisdranges religiös. Während es umgekehrt heute eine Religionswissenschaft gibt, die das Religiöse zum Teil aus dem Religiösen austreibt.

Sie haben ein Buch geschrieben mit dem Titel »Im Zeichen der Großen Erfahrung«. Andere nennen diese Erfahrung »das mystische Erlebnis«. Bei den Japanern heißt es »Satori«, bei den Indern »Samati«. Es ist immer die Rede davon, daß alles mit allem identisch ist, daß die Disharmonien sich auflösen in Harmonie.

Meine ganze Arbeit am Menschen gründet auf dem Wissen um den Gegensatz zwischen dem »Welt-Ich« einerseits, das tüchtig sein und etwas können muß, sein Leben bestreiten muß, und dem »Wesen« andererseits. Unter »Wesen« verstehe ich die Art und Weise, wie das überweltliche Sein in uns anwesend ist, wie es in uns und durch uns manifest werden möchte in der Welt. Es gibt Momente, in denen man dieses »Wesen« erlebt. Das sind sogenannte »initiatische Erfahrungen«, gleichsam mystische Erlebnisse. Eine Stimme spricht zu dir: »Jetzt hast du etwas Ungewöhnliches erlebt, das soll nicht nur eine schöne Erinnerung bleiben. Mach dich auf den Weg, stell ein geistiges Exerzitium in die Mitte deines Alltags und versuche der zu werden, der in der Welt zeugt von dem, was du jetzt hier im Innersten erlebt hast. Der Zeuge des Göttlichen in der Welt ist das, was man eine Person nennt.

Schritte ins Leben

Dürfen wir uns zunächst einmal Ihrer Kindheit zuwenden? Sie wurden 1896 geboren.[1]

Es ist sicherlich kein Zufall, daß meine erste Kindheitserinnerung mit dem Tod zu tun hat. Ich wurde auf dem Arm meiner Kinderfrau an das Totenbett meiner Großmutter gebracht.[2] Mit meinem Kopf rührte ich den Kopf der Verstorbenen an. So fing mein Leben an. Ich habe schon relativ früh Züge eines Erwachsenen gezeigt. Die Leute lachten manchmal, wenn ich mich mit 14 oder 15 Jahren schon als Berater ausgab oder bewährte.

Sie verbrachten Ihre Kindheit in Steingaden in Oberbayern. Gibt es Erinnerungen an diese Zeit?

Wir waren im Sommer in Steingaden, im Winter in Bassenheim bei Koblenz.[3] In Steingaden hatten wir ein großes Gut, das die Leute »Schloß« nannten, in Bassenheim ein wirkliches Schloß mit einer großen Gärtnerei und einem wunderbaren Park, und meine Mutter hatte dort eine große Hühnerzucht.

Zu meinen frühesten Kindheitserinnerungen gehört die Begegnung mit der Natur. Ich erinnere mich zum Beispiel, daß mein Vater mit mir in den Wald ging und mich lehrte, das Schweigen des Waldes zu hören. Es war ein Sakrileg, wenn ich auf einen Ast trat, so daß er knackte. Die Stille des Waldes, das war etwas, das von früh auf mir zu respektieren aufgegeben wurde.

In Ihren Büchern berichten Sie davon, daß Sie in Ihrer Erinnerung einige Erlebnisse wie ein Glanz aus der Kinderzeit bewahrt haben.

Seltsam – ich stellte mir als Kind die Frage: Was ist Ewigkeit? Und gab mir die Antwort: Wenn sich dieselbe Situation, was es ja nicht gibt, ganz genau noch einmal so wiederholen würde, wie sie gewesen ist. Ich erinnere mich, mein kleiner Schreibtisch stand am Fenster, von dem aus ich auf das große Tor schauen konnte, das vom Dorf aus in den Park hereinführte. Und einmal stellte ich mir, da oben sitzend, die Frage: Was ist eigentlich die Ewigkeit? Ich war damals vielleicht zehn Jahre alt. Ja – Ewigkeit – jetzt ist gerade ein Vogel da unten vorbeigeflogen. Wenn sich diese Situation noch einmal wiederholen würde – das Tor geht auf, jemand geht hindurch, derselbe Vogel fliegt weg – das wäre die Ewigkeit!

Die Familie zog dann nach Weimar.[4] Sie haben auch die Welt der Kunst in Ihrer Jugend kennengelernt?

Als ich 15 oder 16 Jahre alt war, war meine Mutter sehr befreundet mit Henry van de Velde. Später nach der Gründung des Bauhauses 1919, kamen die Weimarer Bauhäusler zu uns. Die jungen Leute sagten: »Der werden wir es schon zeigen, der Gräfin, wir kommen alle barfuß!« Und sie tanzten bei uns barfuß! Dann war Paul Klee da mit seiner Geige. Klee war ja ein wunderbarer Geiger. Dann Kandinsky.

Das war in Weimar, wo van de Velde ein Haus gebaut hatte für die Familie Dürckheim?

Ja.

Das heute noch existiert?

Das heute noch da ist, aber, ich glaube, ganz anderen Zwecken dient.

In den dreißiger Jahren trafen Sie Klee und Kandinsky am Bauhaus in Dessau wieder.

Als ich Assistent in Leipzig war, fuhr ich alle 14 Tage für zwei Tage nach Dessau. Da war Mies van der Rohe. Da fand ich Klee wieder. Ich fragte Klee: »Warum malen Sie eigentlich so?« Er lächelte und sagte: »Man könnte sich doch eine Welt vorstellen, in der es so zugeht.« Das war wunderbar: Klee mit seinen großen Augen und dann Kandinsky, ein ganz entgegengesetzter Typus, mehr ein Rationalist, der seine Bilder beinahe mathematisch aufbaute.

Sie unternahmen als Jugendlicher eine Kunstreise nach Rom.

Der Direktor des Museums in Weimar lud mich ein, mit ihm Rom zu erkunden. Es war kurz vor Ausbruch des Krieges. Ich lernte mit 16 Jahren Rom kennen, von einem Mann geführt, der Rom kannte. Ich weiß noch, wie er mich zuerst auf das Capitol führte und mich von dort aus einen Blick auf das Forum Romanum werfen ließ.

Jahre an der Front

Dann kam der Erste Weltkrieg.[5] Sie waren von 1914 bis 1918 an der Front in Frankreich, auch in Serbien, Tirol, Italien, Rumänien und im Elsaß. Sie sind 18jährig freiwillig als Fahnenjunker ins Feld gekommen. Die Begegnung mit dem Tod war für den 18- bis 22jährigen doch zweifellos ein prägendes Erlebnis.

Ja, ich erinnere mich an die erste Zeit des Krieges. Wir kämpften an der Somme; in der Nähe von Péronne waren die Schützengräben. Aus irgendeinem Grund mußte ich alle ein, zwei Tage hinter die Front gehen. Dabei kam ich an einem toten Franzosen vorbei. Das war für mich der erste Tote, den ich sah. Ich sah sein Gesicht immer wieder. Es war meine erste Begegnung mit dem Tod, der dann natürlich während des Krieges viele folgten. Im Sommer 1916 kamen wir nach Verdun. Ich habe grausliche Erinnerungen an die Schlacht um das Fort Douaumont.

Wie sind Sie als junger Mensch mit diesen Erlebnissen fertiggeworden? Hatten Sie Angst?

Ja, wenn ich allein war. Ich war Leutnant und befehligte 80 Soldaten. Wenn ich mit ihnen zusammen war, hatte ich keine Angst. Wenn ich aber allein war, hatte ich Angst. Granaten schlugen zehn Meter oder dreißig oder fünfzig Meter vor mir ein. Ich warf mich auf den Boden. Ich hatte große Angst. Wenn ich aber zusammen mit meinen Leuten zum Beispiel durch ein Trommelfeuer hindurch mußte, hatte ich keine Angst.

An der Front mußten Sie also ständig damit rechnen, getötet zu werden?

Es war Glückssache, wenn man durchkam. Einmal stand ich aufrecht in einem Schützengraben. Plötzlich fiel der Mann rechts neben mir auf den Boden. Er war getroffen, und ich bekam einen Schuß an die Schulter. Ich steckte meine Hand hinein, überzeugt, sie blutüberströmt herauszuziehen. Aber nichts davon! Es war lediglich das Hemd durchschossen und das Band, an dem die Gasmaske hing, was mir dann teuer zu stehen kam. Denn am Abend gerieten wir in feindliches Feuer. Der Feind schoß Gas, und ich hatte keine Gasmaske mehr. Ich lief den Berg hinauf, um aus dem Apfelgasgeruch herauszukommen. Das war ein Geruch, über den wir oft den Soldaten Unterricht erteilt hatten. Nun war er da und umgab mich – und meine Gasmaske war weg.

Hatten Sie irgendwann das Gefühl, daß Sie innerlich mit dieser Situation, die ja mehrere Jahre andauerte, fertiggeworden sind?

Ich kann nicht sagen – fertiggeworden...

... daß Sie die Möglichkeit, im nächsten Augenblick zu sterben, akzeptiert haben?

Das kam mir eigentlich gar nicht in den Sinn. In Serbien mußten wir einmal mit 80 Mann, die ich führte, angreifen. Bevor wir antraten, ließ ich die Reihe ausrichten wie auf dem Kasernenhof: »Dritter Mann noch einen halben Schritt weiter vor! Fünfter Mann, etwas zurück!« Dann stürmten wir mit aufgepflanztem Bajonett einen Wald, in dem uns dann sehr bald die Kugeln entgegenkamen. Das war keine Heldentat, sondern es war einfach durch die Situation gegeben.

Graf Dürckheim, können Sie einem heute 18jährigen erklären, warum Sie sich in diesem Alter 1914 als Freiwilliger gemeldet haben?

Das ist kaum zu erklären, denn es war eigentlich ganz selbstverständlich. Ich hatte mir schon, als der Krieg begann, Ziegelsteine in den Rucksack gepackt und möglichst viel bergauf, bergab trainiert, um mich auf das Tragen des schweren Tornisters vorzubereiten. Ich kam dann als Fahnenjunker zum Königlich-Bayerischen Infanterie-Leibregiment, und Ende November marschierten wir an die Front.

Ist Ihnen die Aufbruchstimmung am Ende des Ersten Weltkrieges noch in Erinnerung?

Ja, durchaus. Es war eine große Begeisterung.

Die durch das ganze Volk ging?

Ich hörte, wie der Kaiser sagte: »Ich kenne keine Parteien mehr, ich kenne nur noch Deutsche.« Das ist allen in Erinnerung, dieses Kaiserwort damals, als der Krieg ausgebrochen war.

Gegner der Revolution

1918, nach dem großen Zusammenbruch, kamen in München die Spartakisten an die Macht. Sie sagen in einem Ihrer Bücher, diese revolutionären Massen hätten verhindert, daß Ihr Regiment geordnet in die Kaserne in München zurückziehen konnte, was an sich möglich gewesen wäre, weil die Truppe noch intakt war.

Sie war völlig intakt. Wir waren wütend, daß die uns von allen Seiten bedrängenden Kommunisten einen geordneten Einmarsch nach München verhinderten. Als wir auf dem Kasernenhof ankamen, formierte sich das Regiment sofort und paradierte sogar vor Oberst Ritter von Epp, ganz wie in Friedenszeiten.

Aber dieser Empfang durch die Bevölkerung, durch die revolutionären Massen, stellte das nicht den Sinn dieses vierjährigen Einsatzes grundsätzlich in Frage?

Objektiv gesehen, ja. Aber subjektiv hat sich, glaube ich, niemand der Soldaten selbst gefragt, ob das Sinn habe oder nicht.

Sie wurden dann, als Sie halfen, eine Ordnungstruppe aufzustellen, wegen Hochverrats verhaftet?

Wir waren in der Kaserne, und ich charterte 60 Automobile, damit ich jederzeit dorthin fahren und eingreifen konnte, wo Unruhen in der Stadt waren.
    Einmal wurde Minister Erhard Auer, ein Sozialdemokrat und Angehöriger unseres Regiments, von Kommunisten bedroht. Ich fuhr sofort los, um ihm herauszuhelfen, und die Bande, die ihn umringte, auseinanderzutreiben. Dabei wurde ich verhaftet. Ich ging zu Oberst Epp und sagte: »Herr Oberst, da unten ist jemand, der mich verhaften will!« Er antwortete: »Das kann er gar nicht. Das kann nur der Kriegsminister.« Ich ging hinunter und sagte: »Hören Sie mal, Sie können mich gar nicht verhaften. Das kann nur der Kriegsminister.« Darauf zog er aus seiner Tasche den Befehl des Kriegsministers, und da mußte ich mit. Ich kam ins Gefängnis, in ein kleines Gefängnis, dasselbe, in dem der Bruder meines Vaters 90 Jahre vorher wegen Hochverrats gesessen hatte, weil er König Ludwig, dessen Adjutant er gewesen war, die Treue gehalten hatte.

Auf einmal stand ein großer Mann in meiner Zelle und sagte: »Ich war Diener im Hause Ihres Vaters, als Sie geboren wurden, und heute bin ich Mitglied der Räteregierung hier. Machen Sie keine Dummheiten, fragen Sie nicht, ob Sie Tarock spielen dürfen mit Ihren Nachbarn. Sie sollen als erste Geisel erschossen werden. Aber ich will das verhindern. Verhalten Sie sich ganz ruhig.«

Es geschah mir gar nichts. Nach 14 Tagen erschien ein Kriegsgerichtsrat, um mich zu verhören, was ich denn eigentlich gemacht hätte. Ich sagte: »Weiß ich nicht. Ich weiß nur, was in den Zeitungen steht, nämlich, daß ich verhaftet bin.« Daraufhin wurde ich wieder freigelassen.

Als 1919 Reste der bayerischen Regimenter zusammengerufen wurden, um gegen die Spartakisten im Rheinland anzutreten, hat sich der bis dahin untadelige Offizier Dürckheim plötzlich verweigert.

Ich hatte die Truppe wieder selbst aufgestellt. In der Nacht vor dem Ausmarsch wachte ich plötzlich auf in der Gewißheit, daß ich nicht mehr Soldat sein könne. Das hatte mit Angst nichts zu tun. Ich stand auf und ging zu meinem Kommandeur, mit dem ich zwei Jahre Schulter an Schulter im Krieg gewesen war. Wir hatten unendlich viele Schlachten zusammen erlebt. Ich sagte zu ihm: »Du, ich kann nicht mit!« Er schaute mich an und sah, da war nichts zu machen. Er sagte: »Dann meld' dich krank!« Und damit war es geschehen. Ich hatte einfach dieser inneren Stimme gehorcht, der zu gehorchen natürlich für einen jungen Offizier nicht einfach war. Aber in manchen Momenten gibt es keine Zweifel.

Das »Quadrat«

Etwa ein Jahr später, Graf Dürckheim, sollten Sie als ältester Sohn der Familie den Familienbesitz Steingaden übernehmen. Da hatten Sie eine ähnlich weitreichende Entscheidung zu treffen.

Ich mußte meinem Vater sagen: »Du, ich werde Steingaden nicht übernehmen. Ich gehe einen anderen Weg.« Mein Vater, der von einer unendlichen Güte war, hörte mich an und sagte dann einfach: »Ja, dann ist es eben so. Dann mußt du deinen Weg gehen!«

1919 begannen Sie in München zu studieren.

Anfangs studierte ich bei Max Weber Nationalökonomie, später Philosophie. Dann wechselte ich zur Psychologie.

Sie lebten und arbeiteten zusammen in einer Wohngemeinschaft mit dem Ehepaar Ferdinand und Margarete Weinhandl und Ihrer späteren Ehefrau Enja von

Hattingberg.⁶ In diesem »Quadrat«, wie Sie diese Vorform einer modernen Selbsterfahrungsgruppe nannten, haben Sie miteinander meditiert, miteinander diskutiert, sehr offen miteinander gesprochen. Enja von Hattingberg brachte Sie dann auch mit einer Reihe von Persönlichkeiten in München zusammen.

Sie kannte sehr viele Menschen, und so lernte ich damals eine Reihe von interessanten Menschen kennen. Unter anderem Else Lasker-Schüler.

Was war sie für ein Mensch?

Ein ungewöhnlich gerader, starker, ein enorm starker Mensch. Sie hatte eine Wucht im Leibe, und auch ihre Stimme war bemerkenswert. Sie nannte mich immer den Raubgrafen. Sie gab jedem Mann einen Titel.

Und Sie wurden Raubgraf genannt...

... weil ich Graf war. Ich mußte irgendwie einen Extratitel haben.

Sie haben auch Ludwig Klages näher kennengelernt?

Ludwig Klages war ein enger Freund meiner Frau und ihres ersten Mannes, des Psychiaters Hans von Hattingberg, von dem sie gerade geschieden war, als ich sie kennenlernte. Sie kannte auch Rilke, den ich selber persönlich nicht kennengelernt habe. Ich besitze aber einen wunderbaren Brief von ihm, in seiner herrlichen Schrift. Ich lernte durch meine Frau auch Elisabeth Schmidt-Pauly kennen, die große Freundin von Kardinal Faulhaber und Romano Guardini. Wir bildeten einen kleinen Kreis, Guardini, Elisabeth Schmidt-Pauly und der Psychologe Riemann.

Hat Ludwig Klages Sie in Ihrer weiteren Entwicklung beeinflußt?

In einem gewissen Sinne schon. Dieser unendliche Schwung, den dieser Mann in seinen Werken hatte, und seine Art zu sprechen, die waren großartig, von einer wirklichen männlichen Schönheit, die einmalig war. Nur ein Gefühl, sagte er immer, dem die Gebärde des Ausdrucks erlaubt ist, entwickelt sich zum vollen Gefühl. Und er selbst war die lebendige Gebärde eines von sehr tiefen Gefühlen bewegten Menschen.

Das »Quadrat« ging dann 1921 geschlossen nach Kiel, um dort zu studieren.

Der Grund war, daß Ferdinand Weinhandl eine Universität suchte, um sich zu habilitieren. So fuhren wir, finanziert von meinem Vater, zu viert durch Deutschland von einer Universitätsstadt zur anderen, und endlich fand er in Kiel den Philosophen Heinrich Scholz, bei dem er sich habilitieren konnte.

Sie wurden 1923 in Kiel zum Dr. phil. promoviert.[7]

Seit Sommersemester 1922 war ich Volontarassistent am Psychologischen Institut der Kieler Universität und hauptsächlich mit Denkpsychologie beschäftigt. Der Psychologe Professor Wittmann sagte zu mir, der Ton C umfasse 256 Schwingungen in der Sekunde. Ich entgegnete: »Das können Sie nicht sagen. Sie können nur sagen, daß, wo der Ton C erklingt, irgendein Medium in diesem Tempo vibriert. Aber der Ton C ist ganz was anderes! Er ist eine Qualität, die man nicht in Zahlen ausdrücken kann. Der Ton C hat eine andere Qualität als der Ton D oder E. Aber das läßt sich nicht in Zahlen ausdrücken, sondern man muß die Qualität als Qualität ernstnehmen.«

Der Hochschullehrer

Sie mußten sich dann entscheiden, ob Sie eine Habilitation anstreben oder aber zunächst eine schöpferische Pause einlegen sollten. Sie haben sich für die schöpferische Pause entschieden.

Ich war in Marburg, um mir die Größen der Philosophie und Psychologie anzusehen. Um nur ein paar Namen zu nennen: Paul Natorp, Martin Heidegger, Nicolai Hartmann. Und das Ergebnis meiner Reise war: nichts! Im Sommer 1924 fuhr ich enttäuscht nach Italien. Ich hatte eine Einladung zu einem Soziologenkongreß in Neapel. Es war wahrscheinlich ein Versehen, daß ich diese Einladung bekommen hatte. Wahrscheinlich galt sie dem Soziologen Dürckheim, aber sie landete bei mir, und ich nahm sie dankbar an. Wir blieben dann ein ganzes Jahr lang in Italien.

Aber nicht nur in Neapel...

Wir waren noch auf Capri, dann auf der Insel Ischia und schließlich in Rom. Wir haben Museen besucht, und ich habe sehr viel gemalt. Außerdem schrieb ich an einer Philosophie, oder besser: an einer Einheitsphilosophie. Der Grundbegriff der Einheit, in der alles letzten Endes sich findet, stand für mich im Mittelpunkt. Ich arbeitete an meiner eigenen Philosophie.

Es ist interessant, daß selbst in Italien dieses Thema der Einheit Sie so gefesselt hat.

Das brachte mir dann auch den Zugang zur Ganzheitspsychologie von Felix Krueger. Mein früherer Kieler Lehrer Hans Freier, der in Leipzig die Leitung des Psychologischen Instituts übernommen hatte, schrieb mir nach Italien, ich solle nach Leipzig kommen. Ich könne Assistent von Felix Krueger werden.

Der Psychologe Felix Krueger war der Nachfolger auf dem Lehrstuhl von Wilhelm Wund.

Als ich Krueger erzählte, woran ich arbeitete, lächelte er und sagte: »Da passen Sie ja gut zu uns.« Aber ich sagte: »Herr Professor, ich sehe hier schrecklich viele Apparate! Wenn ich einen Apparat sehe, dann werde ich unschöpferisch.« Er sagte, das sei für die Einführung. »Hören Sie sich mal eine oder zwei Einführungen an von unseren Kollegen, wir sind hier zu fünft. Dann werden Sie schon sehen, ob Sie selber so etwas machen wollen!«

Die Einführung wurde später meine Lieblingsvorlesung. Das war ein Studentenkreis von etwa 400 Studenten, weil auch die Volksschullehrer damals die Psychologievorlesungen an der Universität hören mußten. Es machte mir große Freude, diese Einleitung in die Psychologie so zu gestalten, daß ich keine Antworten gab, sondern nur Fragen stellte und die Schüler selber die Antworten finden ließ.

So daß Felix Krueger Sie nicht zu sehr bedrängte, an der experimentellen Psychologie mitzuarbeiten?

Er ließ mir meinen Weg. Und dieser Aufenthalt von sieben Jahren am Psychologischen Institut der Universität Leipzig ist mir unvergeßlich. Durch den Geist von Felix Krueger war das Ganze eine sehr lebendige Gemeinschaft.[8] Dort lernte ich auch Maria Hippius kennen.

Mit der Sie dann nach dem Kriege 1948 in Todtmoos-Rütte begonnen haben, die initiatische Therapie aufzubauen.

Maria Hippius war seinerzeit eine Hörerin in meinen Vorlesungen und auch eine Teilnehmerin an meinen Seminaren. Ich begann bald, Seminare zu halten. Übrigens, das erste Seminar, das ich in Leipzig hielt, hatte den Witz und das Lachen zum Thema. Das war natürlich eine Überraschung für alle. Dort war auch Maria Hippius. Etwa ein halbes Jahr später erschien der Magister Rudolf Hippius aus Estland, und er und Maria wurden 1932 ein Paar. Die beiden waren regelmäßig Gäste bei meiner Frau und bei mir. Wir veranstalteten jede Woche einen Musikabend, an dem ein Geiger, ein Flötist und ein Pianist spielten.[9]

Dann haben Sie wohl als einer der ersten an einer deutschen Hochschule über Ludwig Klages, Sigmund Freud, Alfred Adler und C. G. Jung gelesen?[10]

Ja. Das war völlig neu, daß man über Freud las. Es gab ja noch sehr altmodische Professoren, die sagten: »Von Freud will ich nichts wissen, der redet ja über Sexualität.«

Wenn Sie heute zurückschauen, worin sehen Sie die Größe Freuds? Und was hat er, nach Ihrer Auffassung, nicht leisten können?

Man muß, glaube ich, unterscheiden zwischen dem Menschen Freud und gewissen Seiten seiner Lehre. Wenn er in sein Zimmer kam, verbeugte er sich tief vor einer Reihe von Kultfiguren primitiver Völker, die auf seinem Schreibtisch standen. Er war selbst ein tiefreligiöser Mensch.

»Büro Ribbentrop«

Wie haben Sie, Graf Dürckheim, den Beginn des »Dritten Reiches« erlebt?

Der Führer der Studentenschaft kam zu mir und sagte, daß die Studentenschaft mich gerne als ihren Vertrauensdozenten hätte. Ich sagte: »Ja, wenn Sie das gerne wollen.«

Zwei Tage später kam er wieder zu mir: »Ich habe gehört, daß Ihre Großmutter Jüdin war? Die Mutter Ihrer Mutter! Stimmt das?«

»Ja«, sagte ich, »das stimmt.«

»Ja, dann – es tut mir zwar sehr leid, persönlich wäre mir das ganz egal, – aber ich muß dann von meiner Bitte ablassen.«

Meine jüdische Großmutter[11] hat mir im »Dritten Reich« einige Schwierigkeiten bereitet. Aber eigenartigerweise hat mir meine Frontdienstzeit und alles, was ich an Kriegsauszeichnungen bekommen habe, sehr über diese Schwierigkeiten hinweggeholfen, so daß ich eigentlich doch wiederum nicht darunter zu leiden hatte.

Eines schönen Tages erhielt ich einen Anruf, ich möge am nächsten Morgen zum Reichserziehungsminister Bernhard Rust kommen. Der sagte: »Sprechen Sie Englisch? Es geht um einen Kongreß der »New Education Fellowship« in Südafrika. Der eigentlich Vorgesehene ist verhindert, und ich möchte gerne, daß Sie es übernehmen, Deutschland dort zu vertreten.« So kam ich 1934 als Vertreter Deutschlands zu diesem Kongreß, zuerst nach Kapstadt, dann nach Pretoria. Das war eine ganz außerordentliche Erfahrung für mich, um so mehr, als ich mir klugerweise von Rust den Auftrag hatte geben lassen, alle deutschen Siedlungen in Südafrika zu besuchen. Das waren Deutsche, die die südafrikanische Staatsbürgerschaft besaßen, aber ihr Deutschtum bewahrt hatten.

Sie waren von Mai bis Oktober 1934 in Südafrika. Über ihre Erlebnisse haben Sie dann einen Bericht verfassen müssen?

Ja. Eines Tages bekam ich einen Anruf, ich möge zu Herrn von Ribbentrop kommen. Ich wußte gar nicht, wer das war! Als ich zu ihm kam, las er gerade meinen Bericht über meine Reise nach Südafrika...

Joachim von Ribbentrop, der dann 1938 Reichsaußenminister wurde...

Rudolf Heß hatte ihm diesen Bericht zugesandt. Er sagte zu mir: »Wollen Sie zu mir kommen in meinen

Stab? Ich habe einen Auftrag vom Führer. Ihre Aufgabe wäre, in England zu sein und mir zu berichten, was den Engländern am Nationalsozialismus mißfällt.« – »Jawohl, Herr von Ribbentrop, diesen Auftrag übernehme ich!«

In welchem Jahr war das?

Das war 1935.

Nach Ihrem Aufenthalt in Südafrika?

Ja. Und dann war ich zwei Jahre lang für Ribbentrop in England. Ich wohnte im Athenäum Club, einem der ältesten Clubs, der unmittelbar neben der deutschen Botschaft lag. Durch einen Freund, Sir Arnold Wilson, den Herausgeber vom »Nineteenth Century after«, wurde ich Mitglied des Athenäum Clubs. Es war ein altmodisches Publikum dort. Aber es war ruhig und sehr angenehm. Ich telefonierte immer von dort aus, um es der Geheimpolizei leichter zu machen. Wenn ich irgendwo zum Mittag verabredet war, saß dort am Nebentisch bereits ein Mann vom englischen Geheimdienst, um zu sehen, mit wem ich da zusammensitze und was ich mit wem rede. Das wußte ich genau.

Wichtig waren für mich vor allen Dingen die Journalisten, die schlecht über Deutschland sprachen. Unter anderem Lord Beaverbrook, der Besitzer des »Evening Standard«. Ich besuchte ihn und sagte zu ihm: »Würden Sie gerne einmal Hitler kennenlernen?«

»Ich? Hitler? Der würde mich doch nie empfangen!«

Ich erwiderte: »Das ist noch die Frage. Aber wenn, würden Sie dann kommen?«

»Ja«, sagte er, »selbstverständlich!«

Und tatsächlich gelang es mir, eine Audienz bei Hitler zu arrangieren. Hitler hielt bei dieser Gelegenheit eine Ansprache, wie er sich das zukünftige Europa vorstellte.

Waren Sie anwesend?

Ja. Der Lord war begeistert. Er sagte: »Ich schreibe nie mehr einen schlechten Aufsatz über Hitler! Das ist ja großartig, diese Konzeption, die er von Europa hat!«

Hitler konnte Menschen faszinieren.

Ja, enorm! Und dann flog Lord Beaverbrook nach London zurück. Ich nahm das nächste Flugzeug und flog ihm nach. In London kaufte ich den »Evening Standard« und fand darin eine Riesenkarikatur von Hitler und einen wüsten Aufsatz. Ich rief also an: »Lord, haben Sie Ihren heutigen »Evening Standard« schon gesehen?«

»Nein«, sagte er.

Ich fuhr fort: »Lassen Sie ihn sich mal kommen.«

»Um Gottes willen«, sagte er, »was soll ich damit machen? Das ist ja fürchterlich!«

»Ja«, sagte ich, »ordnen Sie an, daß die Nummer in Berlin nicht ausgeliefert wird.«

Nach acht Tagen war Lord Beaverbrook natürlich wieder auf der alten Linie.

Für mich war diese Zeit in England interessant, denn ich lernte viele Leute kennen. Unter anderem auch König Edward VII. bei einem Empfang von Churchill. Ich sprach mit Churchill und sagte: »Warum haben Sie eigentlich so viel Angst vor Deutschland und der Wiederbewaffnung?«

»Warum ich Angst habe?« entgegnete er, »wenn ich Hitler wäre, wüßte ich, was ich täte: ganz Europa erobern!«

An diesem Abend nahm mich der König zur Seite und fragte: »Wer wird jetzt Botschafter in London?« Hösch war gerade gestorben.

Ich antwortete: »Ich weiß es nicht!«

Er fuhr fort: »Wenn Sie eine Bitte von mir nach Berlin bringen würden, wäre ich Ihnen sehr dankbar. Ich möchte, daß ein waschechter Nazi als Botschafter nach London kommt und nicht ein Diplomat, dem sie dann immer noch einen Nazi hinterherschicken müssen, um ihn zu kontrollieren!«

In dieser Eigenschaft war Herr von Ribbentrop oft nach London gerufen worden oder nach London gegangen, weil Hösch alles andere als ein Nationalsozialist gewesen war. Dann kam Ribbentrop als Botschafter nach London.

Bevor er dann später Reichsaußenminister wurde?

Ja.

Wußte Churchill von Ihrem Auftrag?

Er mußte sich denken, daß ich alles, was ich in London erfuhr, nach Berlin melden würde.

Die Zusammenarbeit mit Ribbentrop wurde dann beendet durch Ihren Aufenthalt in Japan.

Die Sache war so: Eines Tages sagte Ribbentrop zu mir: »Graf Dürckheim, Sie sind fristlos entlassen!« Göring paßte es nicht, daß der deutsche Botschafter einen Mann mit einer jüdischen Großmutter beschäftigte. Ich wurde also auf Veranlassung Görings hinausgeworfen.

Ich erwiderte: »Herr von Ribbentrop, ich nehme davon Kenntnis, aber ich bin kein Dienstmädchen, das man einfach so entläßt. So geht das nicht!«

Er nahm Haltung an und sagte: »Ja, Sie haben ganz recht. Wollen Sie nicht einen Forschungsauftrag in – in – wo Sie wollen, haben? Eine Forschungsreise machen?«

»Ja«, sagte ich, »sehr gerne. Zum Beispiel nach Japan.«

Und so bekam ich durch den Rausschmiß bei Ribbentrop einen Auftrag zur Erforschung der geistigen Grundlagen der japanischen Erziehung. Ich war von Juni 1938 bis März 1939 in Japan.

Und man war froh, daß Sie möglichst weit weg waren?

Ja. Aber kaum war ich wieder in Deutschland, ließ mich Ribbentrop kommen. Er war inzwischen Außenminister. Menschen, mit denen er einmal zusammengearbeitet hatte, ließ er nicht fallen. Er sagte zu mir: »Ich möchte gern einen Vertrag mit Rußland machen. Hier ist der Entwurf. Sie sind der erste, dem ich ihn zeige. Was werden die Japaner sagen?«

»Ja«, entgegnete ich, »die werden natürlich nicht sehr erfreut sein, Herr von Ribbentrop.«

Dann begann der Krieg. Am nächsten Tag rief Ribbentrop mich zu sich und sagte: »Wir brauchen einen Menschen, der in Japan die Verbindung mit den Wissenschaftlern aufrechterhält.

Ich antwortete: »Herr von Ribbentrop, ich warte nur darauf, wieder nach Japan zurückzukommen.«

»Gut«, sagte er, »dann kommen Sie morgen zu mir. Sagen Sie mir, was Sie haben wollen.«

Am nächsten Tag sagte ich zu ihm: »Ich will 80 Bibliotheken à 100 Bände haben.«

»Wie bitte?«

»Ja«, sagte ich, »80 Bibliotheken à 100 Bände, für alle Lehrer an deutschen Schulen je eine Bibliothek.«

Sagte er: »Gut, genehmigt. Finde ich vernünftig.«

Und so kam ich zum zweiten Mal nach Japan.

Wann war das?

Das war 1940. Ich blieb dann bis 1947.

Eines Tages, im Oktober 1945, nach Kriegsende, war in den »Stars and Stripes« zu lesen, daß ich eine Propagandazentrale für Goebbels in Shanghai aufgemacht hätte. Das war reiner Schwindel, aber ich kam sofort ins Gefängnis. Ich war in Shanghai nur einmal für einen Tag gewesen, um mir ein Paar Schuhe machen zu lassen. Ich saß dann 16 Monate im Sugamo-Gefängnis in Tokio.

Erlebnis und Wandlung

Inwiefern war dieser Aufenthalt in Japan für Ihre Entwicklung und für Ihre Lehre von entscheidender Bedeutung? Vielleicht sollten wir jetzt von Ihrer Begegnung mit dem Zen-Buddhismus sprechen. Denn nicht zuletzt die Zen-Meditation hat Ihnen ja geholfen, diese 16 Monate zu überstehen.

Als ich nach Japan kam, wußte ich vom Zen noch gar nichts. Sehr bald lernte ich den Zen-Meister Suzuki kennen, den größten Zen-Gelehrten der Gegenwart. Ich hörte viele seiner Vorträge, und durch ihn kam ich zum Zen.

Mit welcher Zen-Übung haben Sie dann die Zen-Praxis aufgenommen? Es ist ja eine Praxis, keine Theorie, die man lernen muß, kein Lehrgebäude. Es ist ein Übungsweg.

Der Zugang war das Bogenschießen. Eines Tages, 1941, forderte mich ein japanischer Freund auf: »Kommen Sie mit mir, mein Meister ist da.«

»Was für ein Meister?«

»Der Meister im Bogenschießen!«

So lernte ich Meister Kenran Umechi kennen. Er hatte Riesenaugen und ein kleines Spitzbärtchen, und er sagte: »So, Sie sind schon eine Weile in Japan? Wie gefällt es Ihnen hier?«

Als ich anfing, munter über Japan zu reden, unterbrach er mich: »Das ist alles richtig, aber wahnsinnig flach! Sie müssen an einem Punkt in die Tiefe gehen, denn von dort aus werden Sie mehr verstehen!«

»Was könnte das sein?«

»Zum Beispiel Bogenschießen!«

Ich erwiderte: »Aber ich habe keinen Lehrer und keinen Bogen.«

»Lassen Sie mich Ihr Lehrer sein, ich bringe Ihnen einen Bogen mit.«

Er kam mit einem großen Strohbündel von einem Meter Durchmesser als Zielscheibe. Aus drei Meter Entfernung mußte ich schießen. Ich übte drei Jahre lang, bis ich einigermaßen die Technik erlernt hatte. Das war mein wirklicher Einstieg in eine besondere Form von Zen.

Dabei konnte es ja nicht darauf ankommen, daß Sie aus drei Meter Entfernung dieses Strohbündel treffen. Das war ja wohl nicht schwierig!

Bogenschießen ist eine Folge von bestimmten, komplizierten Bewegungen, die nacheinander eingeübt werden müssen. Einmal, als der Meister dabei war, schoß ich, und der Pfeil, was richtig war, flog von selber weg. »Ich« hatte nicht geschossen! Es hatte geschossen, und der Meister hatte das sofort gesehen. Er nahm mir den Bogen aus der Hand und umarmte mich, was sehr selten ist in Japan. Er sagte: »Das war's!« Und er lud mich ein zu sich nach Hause zum Tee.

Sie haben geschrieben, es habe Ihnen auf dem inneren Weg weitergeholfen.

Ja. Das Beherrschen dieser japanischen Technik ist ein Schritt voran auf dem inneren Weg.

Aber die vollendete Leistung, das perfekte Können muß zunächst da sein?

Ja, und dies setzt unendliches Üben voraus, das geduldige Wiederholen gleicher Bewegungen.

Aber Sie würden sagen, das eigentlich Wichtige ist der Übende selbst, nicht die äußere Leistung?

Ja. Und was von ihm dann ausstrahlt. Es gibt eine schöne Geschichte, die erst kürzlich passiert ist: Namhafte Bogenschützen veranstalteten ein Wettschießen. Als letzter kam ein sehr altes Männlein mit einem Riesenbogen. Und alle sagten, was soll das werden? Er kniete sich hin und zog zitternd an diesem Bogen, und der Pfeil fiel zehn Meter vom Bogen auf den Boden, wie alle sich das gedacht hatten. Aber im selben Augenblick fielen 20 Menschen im Umkreis ins Samadi, in den Zustand eines ganz anderen Bewußtseins.

Diese Menschen hatten ein Erleuchtungserlebnis...

... durch die Ausstrahlung des alten Mannes und seines Schusses.

Ich glaube, dieses Beispiel macht sehr schön deutlich, daß es nicht um die äußere Fertigkeit des Schießens geht, sondern um sehr viel mehr. Was würden Sie sagen, Graf Dürckheim, ist das zentrale Anliegen des Zen?

Das zentrale Anliegen des Zen ist natürlich die Einswerdung des Menschen mit dem, was ich das »Wesen« nenne. Die Weise, wie das überweltliche Sein in uns anwesend ist und in uns durch uns manifest werden möchte, in einem verwandelten Menschen.

Es ist also ein Weg der Mystik, der östlichen Mystik, kann man sagen.

Ja, ein Weg zu einer mystischen Erfahrung, die verwandelt.

Und wie gelangt man dorthin? Nehmen wir die für den Westen wohl wichtigste Übung, das meditative Sitzen.

Das Sitzen auf dem Boden hat Vorteile. In der Übung des Zens kommt es darauf an, daß der Mensch sich in seiner Kopfregion losläßt. Dem Kopf geht es nur um die Klarheit der Gedanken, um in der Welt zu bestehen. Und gerade dieser Drang, in der Welt zu bestehen, ist das, was ihm im Wege steht, wenn er zu seinem inneren Wesen gelangen will.

Ja, aber das ist ja gerade das Schwierigste. Von den Gedanken und Begriffen freizukommen! Den Kopf zu leeren!

Ja, ganz richtig!

Und daran knüpfen Sie die Überlegung, daß man beim meditativen Sitzen des Zen ganz frei werden soll von Gedanken und Begriffen, weil man dann wie die Schale ist, die aufnehmen kann.

Das ist ganz richtig. Das Freiwerden von Gedanken, von Bildern, von Vorstellungen, das ist natürlich sehr schwierig zu erreichen, auch das vertrauensvolle Loslassen von willensmäßigen Bemühungen. Ich war mit einem Freund zusammen, der gerade das Sitzen sehr fleißig übte und von dem es diese herrliche Geschichte gibt: Er war im Kreise von Freunden bei einem Zen-Meister und erlebte immer wieder, wie einer der Anwesenden Ken-yu hatte. Ken-yu ist eine Form der Erleuchtung, in der der Mensch plötzlich furchtbar lachen muß und etwas ganz Tiefes erlebt. Mein Freund, der Arme, bekam nie Ken-yu. So ging er durch Tokio und setzte sich schließlich in einen Garten. Er dachte: »Ich muß es erreichen, Ken-yu zu bekommen!« Er saß und saß, bis ein alter Mann kam, der ihm auf die Schulter klopfte und sagte: »Mein Herr, es pressiert nicht!« – Eine herrliche Geschichte, sie ist typisch für die ganze Situation.

Ist sie nicht typisch überhaupt für die Haltung des Abendländers, der glaubt, dieses mit Willen erzwingen zu können, wie er sonst im Leben auch die Dinge anpackt.

Ja, obwohl mein Freund kein Abendländer war, sondern ein Japaner.

Nun gibt es ja sehr viele Übungen des Zen: Neben dem Bogenschießen beispielsweise das Malen, das Speerfechten, Judo und Karate. Haben Sie in Japan auch gemalt?

Nein, erst später. Dieses Bambusmalen, das ist mir erst hier in den Sinn gekommen.

Aber da haben Sie doch an eine östliche Tradition angeschlossen?

Nehmen wir zum Beispiel den Kreis. Er spielt eine große Rolle in meinen Bildern. Der Sinn des Kreises im Japanischen ist sehr eigenartig. Der Kreis wird so erklärt: Der Himmel stürzt auf die Erde, alles, was für den Menschen Sinn hatte, ist nicht mehr da. Aber die Dinge im Umkreis fangen wieder an zu leuchten.

Und beim Malen des Kreises kommt es ja zunächst auf eine perfekte Technik an, in der es gelingt, in einem Kreis wirklich den Kreis zu schlagen.

Ja, das ist natürlich etwas, was ich sehr viel übe. Ich finde das sehr wohltuend. Denn es ist ja immer wieder eine Augenblickssache. Es sind zehn Sekunden, in denen dieser Kreis entsteht. Es gibt Tage, da könnten Sie es stundenlang versuchen, es gelingt Ihnen kein Kreis. Und dann kommt wieder ein Tag, an dem Sie hintereinander zwei, drei Kreise machen, die bestehen können.

Das zeigt dann, daß Sie in der richtigen Verfassung sind?

So ist es. Es geht um die Verfassung, die ihren Ausdruck im Kreis findet.

Und das gilt für alle Übungen des Zen? Es geht um die Verfassung des Menschen, des Übenden, und nicht um äußere Fertigkeiten?

Es geht darum, eine Verfassung zu entwickeln, in der der Mensch zu einer Fühlung kommt mit der ihm immanenten Transzendenz. Und das ist der Sinn aller japanischen Übungen.

Sie sind nach Ihrem großen Laotse-Erlebnis, noch während Ihrer Münchner Studienzeit, auf Meister Eckart gestoßen.

Ich empfinde ihn heute noch als meinen eigentlichen Lehrer. Was immer ich von ihm lese, alles ist durchweht von dem Hauch des Göttlichen.

Sie haben verschiedentlich geschrieben, daß Sie erstaunliche Parallelen gefunden haben zwischen dem, was Meister Eckart Sie schon in Ihrer Münchner Studentenzeit gelehrt hat, und zwischen dem, was Sie im Zen erfuhren. Wo liegen diese Parallelen? Ist das nur die gegenstandslose Mystik des Meister Eckart, dem im Zen dann das Freiwerden von allen Vorstellungen und Bildern entspricht?

Das vor allem. Wenn Meister Eckart sagt: Wo das Ich ausgeht, zieht Gott ein. Oder wenn er einen Satz sagt wie: Zu sagen, Gott ist gut, ist so dumm wie zu sagen, die Sonne ist schwarz. Das kann man nicht. Man kann keinen Satz sagen über Gott, der in eine grammatische Form paßt. Und das ist typisch auch für die Haltung des Zen. Daß die eigentliche Wirklichkeit nicht rational formuliert, nur erfahren werden kann.

West-östliches Zen

Sie haben nach Ihrer Rückkehr aus Japan, 1947, viel getan, um den Zen nach Europa zu holen. Kann man Zen ohne den Zen-Buddhismus übernehmen?

Ja, durchaus. Es fing so an, daß ich auf einer Tagung auf Schloß Elmau Pater Hugo Enomiya-Lasalle begegnete. Ich sagte zu ihm: »Lieber Pater Lasalle, wir wollen jetzt hier nicht reden und Vorträge halten, sondern üben.« Jeder von uns hatte 40, 50 Leute, mit denen wir dann übten. So fing das an.

Es ging weiter mit Meditationstagungen – es waren vor allen Dingen katholische Priester, die sich dafür interessierten. Es gibt heute viele Klöster in Deutschland, in denen Zen geübt wird.

Dann ging ich nach Frankreich, ein großes Zentrum entstand in Holland, ein Trappistenkloster, wo Zen geübt wird. Ich kann sagen, daß ich Zen dank Pater Lasalle nach Euopa gebracht habe, wo er jetzt zu den ganz natürlichen Meditationsformen gehört.

Dann teilen Sie also mit Pater Lasalle die Auffassung, daß Zen auch für den westlichen Menschen eine Möglichkeit der Reifung des inneren Menschen darstellt?

Absolut.

Wie würden Sie, auf eine kurze Formel gebracht, den Unterschied zwischen dem abendländischen Geist und der östlichen Weisheit formulieren?

Das ist sehr einfach. Alle östliche Philosophie mündet im All-Einen, im überweltlichen Sein. Letzten Endes ist Wirklichkeit nur die Wirklichkeit, in der alles Menschliche, alles Persönliche draußen bleibt. Das überweltliche Sein ist das einzige, was den Menschen erfüllt. Europäisches Denken mündet in der Person. Es gibt das Wort »Person« gar nicht im japanischen Lexikon, genausowenig das Wort »Gestalt«. Westliches Denken mündet in der Person, östliches Denken im All-Einen.

Und das gilt auch noch, wenn der westliche Mensch so wie der östliche den Punkt des Satori, also den Erleuchtungspunkt, erreicht hat? Dann, sagen Sie, gibt sich der östliche Mensch damit zufrieden, daß er in diesem All-Einen aufgeht, während der westliche Mensch...

... in diesem Erlebnis des All-Einen sich als Person im tiefsten Sinne erfährt, durch die das Sein hindurchtönt.

Sie wollen keine Abkehr von der abendländischen Kultur...

Nein! Im Gegenteil.

... sondern Sie wollen einen Weg aufzeigen?

Unser alter Meister sagte mir: »Erst kam Zen von Indien nach China, es gab einen chinesischen Zen. Dann kam Zen von China nach Japan, es gab einen japanischen Zen. Wenn jetzt Zen von Japan nach Deutschland kommt, ist es Ihre Verantwortung, keinen japanischen Zen zu imitieren, sondern Ihre Form des Zen zu entwickeln«. Und der Meister fuhr fort: »Wissen Sie, wenn der Zen in Deutschland erfunden worden wäre, dann säße man auf den Stühlen!« Er sah das sofort. Er sagte: »Es hängt nicht daran, wie Sie sitzen, ob auf dem Boden oder auf einem Stuhl. Es kommt auf die innere Haltung an.« Das Besondere an unserer Form des Zen ist, daß es nicht mündet im All-Einen, sondern in einer strukturierten Person, durch die das ganz Andere hindurchtönt.

Was also im Buddhismus als ein Endstadium angesehen wird, ist für den westlichen Menschen ein Durchgangsstadium?

Ein Durchgang, ein notwendiger Durchgang.

Um dann wieder sich der Gestaltwerdung in dieser Welt zuzuwenden?

Genau. Und die Gestaltwerdung als solche zu sehen, als eine Form, in der das Nicht-Gestaltbare sichtbare Gestalt gewinnt. Alles Lebendige ist in dieser Form der Ausdruck eines unbegreifbaren Seins. Aber wir legen Wert auf die Gestalt, der Japaner nicht.

Ich machte in Japan sehr oft einen Versuch: Wenn ich viele Gäste zum Mittagessen hatte, nahm ich ein Blatt Papier und zeichnete einen Kreis, den ich aber nicht ganz schloß, legte einen Bleistift daneben und fand Gelegenheit, den Raum zu verlassen. Als ich zurückkam, hatte jeder Deutsche den Kreis entweder mit dem Bleistift geschlossen oder zugegeben, daß er es gern gemacht hätte. Jeder Japaner sagte da: »Warum denn? Es ist doch sehr schön so? Was ist da zu schließen?«

Sie sehen im Zen, vor allem in der Meditation – in dieser Form kommt er ja nach Europa und in die westliche Welt – mehr als nur ein fernöstliches Phänomen? Sie sehen im Zen eine Möglichkeit der Reifung für jeden Menschen?

Für jeden Menschen.

Die Frage ist, wie können wir diese innere Erfahrung in uns stärken? Wie können wir sie entwickeln?

Indem wir lernen, nach innen zu horchen. Das Welt-Ich gibt, wo es um das Bestehen in der Welt geht, vor allen Dingen dem Sehen den Vorrang, obgleich das Sehen, die Bilder, genau das ist, was der Erkenntnis des eigenen Wesens am meisten im Wege steht. Das Horchen, Nach-innen-Horchen bringt viel mehr. Das Nach-innen-Tasten, Schmecken, Riechen, all das läßt uns Dimensionen erfahren, die in dem Moment verschwinden, da Bilder auftreten. Darum sprechen auch die Japaner von der Affenherde, das heißt von der Schwierigkeit, in der Meditation die Bilder loszuwerden, die einen immer weiter umschwirren. Die Bilder verhindern die Selbsterfahrung in der Meditation.

Es ist letzten Endes ein kultiviertes Horchen nach innen, das immer tiefer und immer tiefer führt und schließlich dort ankommt, wo das ist, was ich das »Wesen« nenne, die Weise, in der das Überweltliche in uns anwesend ist und in uns und durch uns manifest werden möchte in der Welt. Wobei eine sehr tiefe Erkenntnis mir erst vor relativ kurzer Zeit geschenkt wurde: Man darf nicht nach dem Wesen suchen! Man darf nicht nach dem inneren Christus suchen. Man muß sich finden lassen. Wir werden gesucht von der überweltlichen Wirklichkeit, die unseren eigentlichen Kern ausmacht. Wenn wir sie suchen, schieben wir sie weg. Das ist eine ungeheuer wichtige Erkenntnis, die sehr vieles umstürzt, was 90 Prozent aller Menschen tun. Sie suchen brav nach dem inneren Göttlichen. Nein, sie werden gesucht!

Wir müssen also keine fremden Türen aufbrechen, sondern müssen unsere nur öffnen?

Genau! Ich verwende gern das Bild mit der Tür: Der Mensch rüttelt an einer Tür, und er hört auf der anderen Seite schon die Stimmen der Engel. Er denkt, noch ein bißchen, noch ein bißchen, und schließlich kann er nicht mehr und fällt müde zurück, mit der Klinke in der Hand, und merkt, die Tür geht nach innen auf.

Damit sprechen Sie den Titel eines anderen Buches an, »Erlebnis und Wandlung«, in dem Sie deutlich machen, daß das Erlebnis, diese große Erfahrung, das eine ist, aber die Wandlung ein anderes. Das Erleuchtungserlebnis macht noch keinen Erleuchteten.

Mehrere Erleuchtungserlebnisse machen noch keinen Erleuchteten. Sie müssen fruchtbar werden, und darum heißt diese innere Stimme den Menschen, sich auf den Weg zu machen, an dessen Ende er zur Person wird. Und die Person ist der Zeuge des Überweltlichen in der Welt.

Könnte es nicht sein, daß der Begriff »Große Erfahrung« bei manchen auch die Hoffnung blockiert, je ein solches Erlebnis des Seins, wie Sie sagen, des Wesensgrundes zu haben? Weil man dann Gott entweder gleich im brennenden Dornbusch erwartet oder aber gar nicht daran glaubt, so etwas erleben zu können?

Ja, Sie haben recht. Man müßte mit dem Wort »Große Erfahrung« vorsichtig sein. Denn, äußerlich gesehen, können es winzige Erfahrungen sein. Das Erblicken eines Veilchens kann diese Erfahrung hervorrufen.

Es gibt also viele Stufen der Seins-Erfahrung?

Ja. Aber wenn es eine echte Seins-Erfahrung ist, hat sie eben diese spezifische Tiefe.

Erschütternd und geheimnisvoll

Graf Dürckheim, in der Festschrift zu Ihrem 70. Geburtstag finde ich die schöne Anekdote von dem Mönch, der einen Meister fragt, wo denn der Eingang zum Pfad der Wahrheit sei. Der Meister fragt zurück: »Hörst Du das Murmeln des Baches?« – »Ja, ich höre«, antwortet der Mönch. »Dort ist der Eingang!« belehrt ihn der Meister.

Das erinnert mich daran, daß Sie immer wieder darauf hinweisen, man müsse Sinneserlebnisse wahrnehmen und ernst nehmen. Einerseits ist Ihnen die Erfahrung des Überweltlichen in dieser Welt wichtig, aber andererseits sagen Sie, der Mensch sei ein Kind des Himmels und der Erde. Sie nehmen seinen Leib und seine Organe sehr wichtig. Worum geht es Ihnen bei diesen Erfahrungen der äußeren Sinne?

Ich glaube, daß es gerade die Welt der Sinne ist, die unsere Tiefendimensionen aufschließen oder fühlen lassen kann. Die Wahrnehmung der Welt erschwert es uns dagegen, durch Begriffe das Sein in der Welt selbst zu spüren.

Nehmen wir zum Beispiel den Duft einer Blume. Ihnen geht es um die innere Qualität dieses Erlebnisses, nicht um die Definition und die begriffliche Einordnung, was für ein Duft es ist und von woher er kommt?

Wenn ich anfange, begrifflich einzuordnen, verschwindet der Duft. Wenn Sie die Sache festhalten, verschwindet das Sein. Das Leben verschwindet, wenn Sie es fixieren, wenn Sie es festhalten. Die Kunst in der Entwicklung des Organs für die Dimension des Wesens, also des Lebens in seiner Tiefe, ist, das statische Bewußtsein, das fixierte Bewußtsein ausschalten zu können.

Und was kann der Inhalt solcher tiefen inneren Erfahrung sein?

Alles. Sie können einen Kieselstein plötzlich so sehen oder einen Schmetterling, eine Blüte, einen Baum. Ich erwähnte das Schweigen des Waldes. Wenn Sie das Schweigen des Waldes wirklich wahrnehmen und noch einmal das Schweigen, das hinter diesem Schweigen ist, die Stille, die hinter dieser Stille ist, dann versetzt Sie das in eine Stimmung, in der das Numinose Sie anrührt.

Was ist das, das Numinose?

Numinos ist ein wunderbares Wort. Für mich ist die Interpretation von C. G. Jung absolut verbindlich, in der er sagt, daß in der Qualität des Numinosen die Realität des Überweltlichen uns zum Erlebnis wird. Ich habe den Eindruck, daß die Realität, die sich in der Qualität des Numinosen äußert, die Grundlage aller Religionen ist. Das Numinose ist die Verbindung von tremendum und faszinosum.

Das heißt zu deutsch?

Was uns erzittern läßt, was uns erschüttert und zugleich geheimnisvoll anzieht.

Und das ist nach Jung die Grundlage aller Religiosität?

Es ist in aller Religiosität der eigentliche Erlebnishintergrund. Ich habe den Eindruck, daß in allen Religionen die Qualität des Numinosen entscheidend ist.

Machen viele Menschen die Erfahrung des Numinosen?

Da hat jeder etwas zu erzählen. Meist ist es die Erzählung, daß ein Kind mit drei, vier Jahren einmal im Garten saß, auf einer Wiese, umgeben von Blumen, und daß die Mücken summten, und so die Natur erlebte. Als Kind war für mich das Spielen im Sand wichtig, der Geruch des Sandes. Dann der

Geruch des Holzhäuschens, in dem unsere Werkzeuge waren. An diesem Geruch hing etwas ganz Besonderes. Es sind überhaupt sinnliche Erfahrungen, in denen das Kind solches erfährt. Dem Murmeln des Baches zuzuhören, war für mich faszinierend. Später hatte ich eine Peitsche, mit der ich knallen konnte. Der Knall der Peitsche! Sie sehen, das sind alles Sinneserlebnisse von besonderer Kraft.

Wo etwas durch Mark und Bein geht?

Ja, aber in einer ganz geheimnisvollen Weise. Ich glaube, Kindererziehung müßte von den Erwachsenen vor allen Dingen unter dem Aspekt gesehen werden, was für das Kind einen numinosen Charakter hat.

Wenn der Erwachsene heute, der westliche Mensch, im Trubel und in der Plackerei des Alltags von diesem Numinosen etwas erfahren will – wie macht er das?

Er kann zum Beispiel einfach einmal von der heißen Straße in eine Kirche gehen, die vielleicht leer ist, in der die Luft aber voller Gebete hängt. Die Stille in einer Kirche hat eine besondere Stimme, mit der sie etwas Besonderes mitteilt, das sich nicht in Worte oder Begriffe bringen läßt. Man muß natürlich das Organ dafür haben, daß sich da etwas Besonderes tut. Es gibt vier große Bereiche, in denen solche Erfahrungen möglich sind. Das eine ist die große Natur.

Das Numinose als das Geheimnisvolle, das erschütternd Geheimnisvolle ist zum zweiten erfahrbar in der großen Kunst, der Musik zum Beispiel, wo das Wort »schön« nicht mehr zureicht. Oder in einem Bild. Sie müssen sich nur die Zeit nehmen.

Solche Seins-Erfahrung ist zum dritten möglich in der Erotik, weniger in der Sexualität im engeren Sinne als in der Carezza, der Zärtlichkeit, in der der Mensch aus seiner Zellophanhaut herauskommt und in seine Aura getragen wird. Dort ist dieses Numinose. Viele Menschen sind erstaunt, wenn sie zum ersten Mal erfahren, daß in der Carezza tiefere Erlebnisse möglich sind als bei der sexuellen Vereinigung.

Viertens ist da der Kult. Der religiöse Kult spricht den Menschen unmittelbar an.

Sind solche Erlebnisse immer nur Gnade? Oder kann man auch etwas dazu tun?

Ja, man kann etwas dazu tun. Ich glaube zum Beispiel, daß die Kultur der Stille auf solche Erfahrungen vorbereitet ist. Daß daher die Meditation eine Möglichkeit der Vorbereitung auf solche Erlebnisse ist. Das »Samadi« zum Beispiel kann nicht im Lernen erfahren werden, sondern in einem Ereignis, das den Menschen zutiefst erschüttert.

Ist es nicht besonders für den Erfolgreichen, für den Arrivierten schwierig, sich solchen Erfahrungen zu öffnen?

Ja, da gibt es eine interessante japanische Erkenntnis, daß eine vollendete Technik sich nicht nur in einer wunderbaren Leistung manifestiert, sondern in einem Schritt voran auf dem inneren Weg. Der innere Weg ist entscheidend.

Über Ihrem Lebenswerk steht das Motto »Transzendenz als Erfahrung«. Was verhindert in uns solche Erfahrungen?

Das tüchtige, weltangepaßte, erfolgreiche Welt-Ich, das sich in dieser Welt behauptet und sie rational begreifen will, steht sich selbst im Wege. Es gibt heute sehr viele Menschen, die viel haben, viel wissen, viel können, aber nichts sind. Sie wären etwas, wenn sie mit ihrem Wesen, der Weise, wie das Göttliche in ihnen anwesend ist, eins wären.

Da sind wir bei den Grundbegriffen, die sich durch Ihr ganzes Werk ziehen. Sie sprechen vom »Dasein« und bezeichnen damit die reale Wirklichkeit, in der wir uns behaupten müssen als »Welt-Ich«, wie Sie sagen, während Sie mit dem »Sein« das Überweltliche, das göttliche Sein meinen.

So wie auch Heidegger vom »Sein des Seienden« spricht.

Und daran, sagen Sie nun, hat der Mensch Anteil, und zwar in seinem »Wesen«.

Ja. Die Frage ist nur, ob er jemals sein Wesen zu spüren bekommt.

Und Wesen ist das, was im Osten die Buddha-Natur genannt wird?

Ja.

Das wäre etwa?

Der innere Christus zum Beispiel.

Der innere Christus, die Buddha-Natur, das Wesen, das sind die Weisen, in denen das Göttliche im Menschen anwesend ist?

Das Göttliche hat in allen Religionen einen trinitarischen Charakter. Wir haben Vater und Sohn und Heiligen Geist. Die Buddhisten haben Buddha, das Dharma (das Gesetz) und das Sangha (die Gemeinschaft der Jünger). In Indien gibt es Krishna, Wishnu, den Hüter der Gestalten, und Shiva, die alles zurückbindet. Im Shinto gibt es die Sonnengöttin, die ihrem Sohn zur Gründung Japans drei Dinge mitgibt: das Schwert, den Spiegel als Zeichen der Erkenntnis und die Edelsteinkette als Zeichen der Liebe.

Sie stützen sich aber in Ihrem Werk nicht auf eine bestimmte Religion?

Nein. Wir haben häufig Besuch von Theologen, die uns sagen: Wir sind Opfer einer Theologie, die uns hindert, den Logos erfahren zu können. Aber wir müssen wissen, wer wir eigentlich selber sind, und nicht, woran wir zu glauben haben. Die Glaubenslehre schiebt sich an die Stelle der Gotteserfahrung.

Ist es nicht so, daß auch viele Vertreter der Kirchen die Glaubenslehre absichern wollen gegen solche auf der psychischen Ebene stattfindenden Erlebnisse?

Ja, das ist sicher der Fall. Es gibt auch zahlreiche Theologen, die Angst vor der Psychologie haben. Und es gibt sehr viele gläubige Menschen, die sagen: Bleibt mir mit der Tiefenpsychologie fort! Ihr wollt wissenschaftlich verstehen, was dem Reich des Glaubens angehört! Aber es gibt auch Theologen und Menschen der Kirche, die sich den Erfahrungen der Transzendenz öffnen.

Aber solche Erfahrungen sind nicht etwa das Ende eines Weges, sondern da beginnt erst der Weg?

Das ist eine sehr gute Frage. Denn es ist in der Tat so: Wer zum ersten Mal eine solche Erfahrung macht, dem kann dies zu einem Tor werden, durch das er gehen und in einer ganz anderen und neuen Weise nach innen horchen kann.

Es geht also nicht um eine theoretische Erkenntnis, sondern um den Anstoß zur Wandlung?

Um einen Anstoß zur Verwandlung auf der Basis von Erlebnissen, die theoretisch gar nicht erklärt werden können.

Meister Eckart sagt, alle Bilder, alle Begriffe, die ich mir von Gott mache, sind Trugbilder.

Man kann über Gott nichts aussagen im Rahmen einer korrekten Grammatik.

Also man muß das Denken in Begriffen als...

... den Feind der religiösen Erfahrung sehen.

Durchbruch zum Wesen

Graf Dürckheim, seit 1951 sind Sie hier in Todtmoos-Rütte im Hochschwarzwald mit Frau Maria Hippius und einer Reihe von Mitarbeitern psychotherapeutisch tätig. Sie nennen diese Tätigkeit, diese Therapie die »initiatische Therapie«. Was ist das Besondere dieser Therapie?

Die normale Tiefenpsychologie sucht nach dem Unbewußten und den in uns vorhandenen Hemmungen oder Schatten, das heißt unverarbeiteten Erlebnissen. Sie will den Menschen davon freimachen, um ihn in seinem natürlichen Ich lebenskräftig, arbeitsfreudig und menschenfreundlich werden zu lassen. Die »initiatische Therapie« dagegen zielt auf den Menschen in der Tiefe seines Wesens. Ich darf noch einmal wiederholen: Ich verstehe unter »Wesen« die Weise, wie das überweltliche Leben in uns anwesend ist und in uns und durch uns hervorkommen möchte in der Welt. »Initiare« heißt: das Tor zum Geheimen öffnen. Ein initiatisches Erlebnis ist eine mystische Erfahrung, die einem gleichsam sagt: Du hast jetzt etwas Besonderes erlebt. Mache Dich auf den Weg, stelle eine geistige Übung in die Mitte deines Alltags und versuche der zu werden, der in der Welt von dem zeugt, was du an Überweltlichem erlebt hast! Das ist das, was wir dann eine Person nennen, von »personare«. In diesem Sinne sehen wir Jesus als erste Person und die Menschen als Zeugen des Überweltlichen in der Welt.

Von jemandem, der eine schwere Krankheit überstanden hat, hört man häufig, daß er sagt, er sei ein anderer Mensch geworden. Er erlebe sein Leben anders. Ist das schon eine initiatische Erfahrung?

Es kann durchaus eine sein. Wenn der Mensch erlebt, daß er sich nicht seinem kleinen Ich ausliefern muß, dem es nur darauf ankommt, gesund und leistungsfähig zu bleiben. Durch eine Krankheit beispielsweise kann er eine Tiefendimension in sich selber erfahren, und um diese Tiefendimension geht es uns.

Sie bezeichnen die Angst vor dem Tode, die Verzweiflung vor der Sinnlosigkeit und der Ungerechtigkeit in der Welt sowie die Erfahrung der Einsamkeit und der Lieblosigkeit als die drei Grundnöte des Menschen, die zugleich aber auch die drei Grundchancen des Menschen seien.

Der Mensch muß bereit und in der Lage sein, diese drei Grundnöte anzunehmen. Dann erlebt er in der absoluten Einsamkeit eine Geborgenheit, die er nie vorher gekannt hat; er erlebt in der Sinnlosigkeit einen Sinn, den er nie vorher gekannt hat. Das Paradoxe ist, daß er dieses erst erfährt, wenn er das Unannehmbare annimmt.

Würden Sie einem Klienten, der zu Ihnen kommt, das Leiden abnehmen? Wie trösten Sie einen Leidenden, wenn er zu Ihnen kommt?

Ich halte Trösten für ein gefährliches Unternehmen, denn es befähigt den Getrösteten, in seinem Elend zu bleiben. Vor einiger Zeit erhielt ich den Brief einer Frau: »Ich sitze in einem Loch. Haben Sie nicht ein Wort des Trostes für mich?« Ich schrieb ihr: »Wenn ich eines hätte, würde ich es Ihnen nicht sagen; es würde Sie nur befähigen, noch länger in dem Loch zu bleiben.« Also, Trösten ist nicht in jedem Fall das Richtige. Ich versuche, den Menschen zu lehren, das, was er zu leiden hat, anzunehmen.

Er soll, meinen Sie, das Leiden als eine Chance begreifen, in größere Tiefen seines eigenen Wesens hin-

einzugehen und daraus eine Erfahrung zu gewinnen, die eigentlich jenseits von diesem Leiden ist?

Genau.

Die Psychotherapie will ja normalerweise den gestörten Menschen wieder lebenstüchtig und kontaktfreudig machen. Die initiatische Therapie will darüber hinaus die spirituelle, die geistige Dimension des Menschen berücksichtigen, und für Sie heißt heil werden: über die Welttüchtigkeit hinaus zu einer Ganzheit zu kommen.

Ja, heil werden heißt dann: die Verbindung herzustellen zu dem großen Heiler in uns, und das ist etwas ganz anderes.

Wenn ich es richtig verstehe, bedeutet dies nicht nur die Wiederherstellung der eigenen Gesundheit, sondern die Wiederherstellung der Einheit mit seinem innersten Kern?

Sehr häufig muß die Verbindung mit dem Kern überhaupt zum ersten Mal hergestellt werden, denn 99 Prozent der Menschen leben, ohne eine Ahnung zu haben, daß es eine Tiefendimension gibt, die man den Kern nennen kann.

Aber es ist doch nicht so, daß lediglich diejenigen zu Ihnen kommen, die krank sind, die sozusagen unter ihrem Welt-Ich – wie Sie sagen – leiden. Es kommen auch viele Menschen, die gesund und erfolgreich sind.

Ein Beispiel: Ein Großindustrieller sagt mir, er sei kerngesund, habe eine prächtige Familie, sein Betrieb laufe glänzend, es fehle ihm nichts. Aber er sei unglücklich.
Nach seinem Aufenthalt in Rütte fragte ich ihn: »Wie ist es nun?«
»Ja«, sagte er, »ich fühle mich ganz anders. Ich habe mein Leben auf eine andere Weiche gestellt.«
Mit anderen Worten: Er hatte bisher nur weltlich in der Welt gelebt und gewirkt, als ein anständiger Mensch, aber er hatte noch nicht Fühlung genommen mit seinem Wesen.

So daß, wie Sie es einmal ausgedrückt haben, das Wesen in Atemnot geriet.

Das Wesen gerät in Atemnot, wenn man ihm keinen Raum zur Entfaltung gibt.

Graf Dürckheim, heute ist allenthalben von Bewußtseinserweiterung die Rede. Was sagt Ihnen dieses Wort?

Ich halte es für sehr fruchtbar, wenn unter Erweiterung verstanden wird, daß man über den Raum des psychologisch Faßbaren, des für den Verstand und die fünf Sinne Normalen hinaus in die Dimension des Wesens gelangt und das Bewußtsein erweitert in das, was jenseits des zeitlich Begründbaren und Faßbaren liegt.

Neigt nicht der Vernunftmensch dazu, alle kleinen aufleuchtenden Erfahrungen, die Sie die numinosen nennen, als Spinnerei beiseite zu schieben oder rational zu erklären – als wolle man einen Duft, den man riecht, mit der Kneifzange festhalten, weil man der Nase nicht traut?

Sie haben vollkommen recht. Die neue Weise ist das Eingehen auf die Quelle in der Tiefe des Menschen und ihn nicht nur gleichzusetzen mit der Summe seiner Begabungen, mit denen er sich in der Welt hält. Erst wenn der Mensch die rationale Erkenntnisweise überschreitet, wird er fähig zum Erkennen tieferer Dinge.

Wie sind Sie auf das Wort »initiatisch« gestoßen für Ihre Therapie?

Durch einen Aufsatz von Julius Evola. Evola, der bekannte Kulturphilosoph, hatte mein Buch über »Hara« gelesen und meinte, da sei zum ersten Mal in einem Buch eine Übung aus dem Osten beschrieben worden. Das hat ihn interessiert, und er hat das Buch »Hara« ins Italienische übersetzt. In einem seiner Aufsätze fanden wir das Wort »initiatisch« definiert als Zugang zum Leben, und von dorther haben wir das Wort übernommen.

Kein Wunder, daß Julius Evola besonders fasziniert war von Ihrem Werk, wo doch im Mittelpunkt seines Lebenswerkes auch die Transzendenz als Erfahrung steht.

So ist es.

Die initiatische Therapie will Geburtshilfe leisten beim Wiederauffinden des eigenen Wesens, wie Sie sagen. Sie nennen das auch »Durchbruch zum Wesen« – so einer Ihrer Buchtitel. Wie geschieht dieser Durchbruch?

Der Durchbruch ist eine Erfahrung, in der der Mensch durch die Wände seiner natürlichen Weltanschauung, die durch das Begreifbare begrenzt ist, durchstößt und auf ein Unbegreifliches, aber unmittelbar Erlebbares kommt. So gibt es den Durchbruch zum Wesen als Dimension, die rational nicht mehr begreiflich ist, aber im Leben des Menschen eine entscheidende Bedeutung gewinnt.

Nun gibt es sicherlich die Gefahr, daß man sich – wie Sie sagen – dem Welt-Ich verschreibt, das heißt dem Bemeistern der Welt, der Welttüchtigkeit. Aber gibt es nicht auf der anderen Seite ebenso die Gefahr, daß man sich in der Innerlichkeit verliert, im Emotionalen?

Es ist so, daß die Dominanz des Welt-Ichs zunächst zum Menschen gehört. Der Mensch, der heranwächst vom Kind zum Erwachsenen, ist dadurch gekennzeichnet, daß er in der Lage ist, mit der Welt umzugehen, sich in der Welt zu behaupten. Das Welt-Ich ist also nichts Negatives, sondern das gehört zum Menschen. Nur wenn er im Welt-Ich und in den Grenzen des Begreifbaren gefangen ist, kommt es darauf an, daß er einen Durchbruch zu einer tieferen Dimension erlebt, und das ist dann der Durchbruch zum Wesen als der Weise, in der ein Überweltliches in ihm anwesend ist.

Wenn dem Menschen der Durchbruch zu seinem Wesen gelungen ist, ist er dann zur Ruhe gekommen?

Im Gegenteil. Er ist am Anfang der eigentlichen Bewegung. In dem Moment, in dem er mit seinem Wesen in Fühlung gekommen ist, merkt er, daß er sein ganzes bisheriges Leben an der Oberfläche geführt hat, was ethisch gesehen durchaus legitim und als Leistung anerkennenswert ist. Er ist aber dem eigentlichen Sinn des Lebens nicht gerecht geworden.

Also eine unaufhörliche Verwandlung, eine ständige Bewegung auf dem Wege.

Wobei »auf dem Wege« bedeutet: ein fortschreitendes Gehen in die Tiefe der eigenen Person, weg von der Oberfläche. Die Oberfläche ist das, was wir rational fassen können, was wir mit dem Willen, dem Verstand und dem guten Herzen meistern können. Sehr viele Menschen kommen nie über diese Sphäre hinaus. Die Japaner haben einen eigentümlichen Satz: Damit etwas eine religiöse Bedeutung bekommen kann, müssen nur zwei Bedingungen erfüllt werden. Es muß einfach sein und wiederholbar.

Das steht aber gegen all unsere Vorstellungen.

In der Wiederholbarkeit einer Übung liegt die Möglichkeit, allmählich den Verstand einzuschläfern. Die Präsenz des Verstandes verhindert das Gefühl für die Religiosität und die Tiefe des Menschen. Was ich begrifflich verstehe, hat für mich keine Tiefenbedeutung. Das kann ich meistern. Das, was für mich religiöse Bedeutung hat, kann ich nicht meistern, sondern das meistert mich, das heißt, es bringt mich auf einen bestimmten Weg.

Sie sagen also, daß mit dem Durchbruch zum Wesen der Mensch auf den Weg gestellt ist und er immer auf dem Weg bleibt. Es ist also kein Zur-Ruhe-Kommen. Der Mensch, der in dieser Welt ist, will aber doch eigentlich Sicherheit und Ruhe. Er will eine feste, sichere Ordnung. Und Sie sagen nun: Der Durchbruch zum Wesen, das ist die ständige Verwandlung.

Ist der Anfang zu einer Verwandlung. In der Psychologie von C. G. Jung haben wir die Kategorie des Selbst im Unterschied zum Ich, und es kommt in einer Jungschen Therapie darauf an, daß man dieses

Selbst erfährt. Wenn Sie Ihr Wesen, also das Selbst erfahren haben, beginnt ein ganz neues Leben, das von dorther befruchtet ist und von dorther seinen Sinn empfängt.

C. G. Jung mußte Ihnen doch eigentlich sehr viel mehr zusagen als Freud. Er war ja auch ein Verehrer des Zen und des Yoga.

Absolut! Jung war für mich von vornherein der für mich Tiefste. Obwohl ich nicht so viel von ihm gelesen habe.

Sind Sie denn Jung einmal begegnet?

Ja, ich habe ihn einmal aufgesucht, ich wollte ihn persönlich kennenlernen. Ich ging also nach Küsnacht am Zürichsee, wo er sein Haus hatte. Er kam mir mit einer Pfeife aus dem Garten entgegen, wie ein Berg. Dann saß ich neben ihm. Ich sagte: »Verehrter Doktor Jung, es ist im Osten eine Sitte, wenn man beim Meister selbst ist, darf man eine Frage stellen.« Worauf er antwortete: »Ja, was wollen's denn wissen?« – »Ja«, sagte ich, »können Sie mir vielleicht sagen, was ein Arche-Typ ist?« Dann lachte er und sagte: »Pattern des Verhaltens.« Er verwendete also einen seiner eigenen Begriffe.

Verhaltensmuster kann man vielleicht sagen, ja? Gründen Sie mit Ihrer Lehre vom Welt-Ich und vom Wesen nicht auch auf Jung, seiner Lehre vom Selbst?

Ja, was Jung das Selbst nennt, das nenne ich das Wesen. Es hängt durchaus eng zusammen. Wir sprechen hier in Rütte vom Wesen und auch vom wahren Selbst.

Das ist für Sie identisch?

Das ist ganz nah beisammen. Ich spreche vom Wesen als der Weise, in der das überweltliche Sein in uns anwesend ist und in uns und durch uns hervorkommen möchte in der Welt. Und wo das der Fall ist, ist der Mensch Person, durch dieses »Hindurchtönen«.

Blick nach innen

Das heißt also, daß die initiatische Therapie versucht, den ganzen Menschen in seinen beiden Polen, die Sie als den weltlichen Pol und den überweltlichen Pol bezeichnen, zu erfassen?

Und vor allen Dingen den überweltlichen Pol als solchen ins Bewußtsein zu heben. Ich habe bereits die vier Räume genannt, in denen der Mensch, der natürliche Mensch, mit diesen Polen in Verbindung kommt: die große Natur, die Kunst, die Carezza und der Kult.

Religiosität bedeutete für Heilige und Mystiker schon immer Gotteserfahrung. Aber läßt sich sozusagen jedermann auf dieses Ziel hin therapieren?

Das nicht. Es hat aber jedermann eine gewisse eigene Tiefe. Und es kommt darauf an, ihn zu seiner Tiefendimension hin zu öffnen.

Die initiatische Therapie geht also davon aus, daß die subjektive Erfahrung des Transzendenten aus dem Bereich des Theologischen herausgenommen werden kann in die persönliche Erfahrungsebene?

Und umgekehrt. Es ist so, daß die Theologen, die zu uns kommen, hier erfahren, sich selbst ernst zu nehmen.

»Transzendenz als Erfahrung«, dieses Leitwort steht über Ihrer ganzen Arbeit, auch über der initiatischen Therapie. Schon in den fünfziger Jahren haben Sie es in etlichen Veröffentlichungen gebracht. In den sechziger Jahren hat es auch in den USA unter dem Stichwort »Transpersonale Psychologie« den Versuch gegeben, über die Psyche-Psychologie hinauszugehen und den Menschen in seiner Totalität zu erfassen.

Ein Zentrum, wo das wirklich geübt wird, kenne ich ich den Vereinigten Staaten nicht. Wir haben eigens einmal einen unserer Mitarbeiter dorthin geschickt, um danach zu suchen. Aber er hat keines gefunden, wo das wirklich geübt wird.

Nun gibt es im gesamten Westen eine verstärkte Hinwendung zur Meditation. Das zeigt doch, daß auch der westliche Mensch gerade in den letzten Jahrzehnten auf der Suche ist nach neuer innerer Erfahrung. Auf der anderen Seite gibt es viele Einwände, die besagen, dieses meditative Sitzen sei eine östliche Art der Verinnerlichung und uns nicht angemessen.

Das ist ein bißchen dumm! Dann würde man auch sagen können, sich auszuruhen und zu entspannen, sei keine westliche Art, sondern eine östliche. Es ist einfach ein verinnerlichtes, wirkliches, echtes Nach-innen-Schauen, das seine Grenzen nicht zwischen Ost und West findet, sondern in den Menschen selbst, die zum Teil so etwas gar nicht können. Sie kommen nicht weg von der Affenherde, wie die Japaner sagen, der Besetztheit des Kopfes mit Bildern und Gedanken, und glauben, letzten Endes alles auf dem Wege der Ratio lösen zu können. Und bis heute gibt es auch immer noch den Kampf innerhalb der Therapie, zwischen den sogenannten rein wissenschaftlichen Therapeuten, die alles nur tiefenpsychologisch in bestimmter Weise begründen wollen, und anderen, die einfach nur die Bedingungen dafür schaffen, ein bestimmtes Tiefenerlebnis zu haben.

Diese Bedingungen wollen Sie schaffen durch die Meditation?

Unter anderem durch die Meditation.

Wenn ein Mensch jetzt vor Ihnen säße und würde die erste Sitzung, die erste Meditation, zu machen versuchen, was würden Sie ihm sagen? Wie muß er vorgehen?

Er muß sich zuerst einmal richtig und geordnet hinsetzen. Das heißt nicht, daß er ein Hohlkreuz machen soll, aber er soll doch versuchen, wie der Japaner sagt, so zu sitzen, als wolle er die Erde eindrücken mit seinem Gesäß und den Himmel einrennen mit seinem Kopf.

Also das richtige körperliche Sitzen ist wichtig als Vorbedingung?

Das Ying, das Weibliche, Waagrechte und das Yang, das Männliche, Aufrechte. So sitzt man im Za-Zen.

Das hat aber nicht notwendigerweise damit zu tun, daß man im Lotossitz, also mit gekreuzten Beinen, sitzt.

Das ist in keiner Weise notwendig. Unser alter Meister aus Japan sagte ja immer, wäre der Zen in Europa erfunden worden, säßen wir alle auf Stühlen. Und auch heute sage ich jedem: »Wenn Sie das geringste Leiden am Knie haben, zum Beispiel nach einer Meniskusverletzung, sehen Sie zu, daß Sie schmerzlos, frei und gut sitzen. Sie können auf einem Kissen sitzen. Sie können auf einem Hocker sitzen. Sie können auf einem hohen Stuhl sitzen. Hauptsache ist, daß Sie, wenn Sie sitzen, die Kraft in Ihrem Bauch-Becken-Raum spüren und von dort aus aufwachsen fühlen in die Höhe. So, als hätten Sie auf dem Schädel in der Mitte einen Faden, der sie zum Himmel hinaufzieht.« Zwischen diesem Zug zum Himmel hinauf und hinunter in die Erde sitzt man im Za-Zen.

Und was sagen Sie zur inneren Haltung?

Man muß versuchen, frei zu werden von Bildern und Gedanken. Die innere Haltung soll hindrängen – möglichst in eine Leere, leer von allen Gedanken, leer von allen Bildern, leer von allen Wünschen, leer von allen Sorgen.

Wie kann man gerade dieses schwierige Ziel erreichen? Es ist ja so, daß in dem Augenblick, in dem der Westler sich bemüht, frei von Gedanken zu werden, sie um so nachdrücklicher sich aufdrängen.

Deswegen muß man sich auf etwas anderes konzentrieren, schon im Sitzen sich irgendwie loslassen. Da ist erfahrungsgemäß eine Folge von Bewegungen zweckmäßig. Zunächst versuche man, die Spannung in den Schultern loszulassen. Sich allmählich herunterzulassen in den Bauch-Becken-Raum und den Kopf frei zu machen von Gedanken und Bildern, indem man sich auf eine Sache konzentriert. Zum Beispiel auf den Atem.

Da sind wir, glaube ich, beim nächsten wichtigen Element, das in der Meditation eine entscheidende Rolle spielt. Inwieweit ist das Atmen ein Weg, ruhig zu werden und frei zu werden von Begriffen?

Das erste ist, daß man nicht von Einatmen und Ausatmen spricht, sondern von Ausatmen und Einatmen. Ganz wichtig in der Atempraxis ist die Möglichkeit, wirklich ruhig und voll auszuatmen. Und in der Bewegung des Ausatmens von den Spannungen, die man im Kopf hat und in den Schultern und im Hals frei zu werden: loszulassen, sich oben loszulassen, sich langsam niederzulassen, alles mit dem Ausatmen. Mit dem Ausatmen gelangt man hinunter in den Bauch, in den Hara-Muskel, der unter dem Nabel sitzt und unter der Bewegung aufsteigt bis zum Herzen. Also – Kopf frei, Schulter los, sich in den Schultern loslassen, sich in den Bauch-Becken-Raum niederlassen. Auf der einen Seite nimmt das Gesäß an Gewicht und Bedeutung zu, so als besäßen, als besetzten wir immer mehr Raum – und zur anderen Seite geht die Bewegung bis zum Herzen.

Haben Sie als Westeuropäer, der viele Jahre in Japan war, für sich erfahren, daß das Sitzen auf dem Boden – der Lotossitz – doch eine besondere Form ist, in der eine tiefe Weisheit steckt? Warum das alle Völker des Ostens so handhaben?

Erst mal haben die meisten Völker des Ostens keine Stühle, genauso wie die Eingeborenen keine Stühle haben. Für die ist das Hocken und Sitzen auf dem Boden das Natürliche.

Das wäre eine praktische Erklärung aus den Lebensumständen heraus. Aber liegen nicht in der Haltung selbst auch Vorteile für das Meditieren?

Das Sitzen auf dem Boden, auf einem etwas erhöhten Kissen mit beiden Knien auf dem Boden, das ist eine Hilfe für die Konzentration, wenn man es kann. Genauso mit den Händen. Die Hände legen in Europa einige Menschen auf die Knie. Im Za-Zen legt man die Hände aufeinander, das heißt, man legt die Finger der linken Hand unter die Finger der rechten Hand oder die Finger der rechten Hand unter die Finger der linken Hand, so daß die Daumen sich gerade eben berühren. Und in dieser Form drückt man die Hand gegen den Hara-Muskel. Dann legt man das rechte Knie nach Möglichkeit auf die linke Kniekehle und das linke Bein auf die rechte. Das können ganz wenige. Sehr häufig steht das eine Knie noch in die Luft. Ich sage dann immer: »Wenn Sie jeden Tag zehn Minuten üben, dann werden Sie in einer Woche das Knie nach unten haben.« Viele Menschen finden es komisch, wenn ich ihnen sage: »Sie brauchen das nur eine Woche lang jeden Tag eine halbe Stunde zu machen.« Es erscheint einem Europäer schon ganz verrückt, daß man eine Woche jeden Tag eine gewisse Zeit dasselbe macht.

Damit sind wir bei der Frage nach der Zeit. Wie lange sollte man meditieren? Wie beginnt der Europäer?

Eigentlich ist die normale Zeit eine halbe Stunde.

Und welche Tageszeit würden Sie empfehlen?

Am besten möglichst früh am Tag. Man sollte den Tag mit einer Meditation beginnen.

Wie oft und wie lange meditieren Sie am Tage?

Die wichtigste Zeit zum Meditieren ist für mich der Morgen. Ich stehe täglich um halb sechs auf und gehe dann um halb sieben in den Meditationsraum, wo dann schon eine Anzahl von Menschen wartet. Um Viertel vor sieben beginne ich mit dem Za-Zen. Diese Meditation dauert bis acht Uhr. Das ist eine Stunde, und die wird unterbrochen durch das sogenannte Gin-Ying, ein langsames und gehaltenes Gehen durch den Raum.

Im übrigen empfehle ich, daß die Menschen sich auch tagsüber die Zeit nehmen, noch einmal zu meditieren. Wenn man meditiert, gehen der Blick und die ganze Haltung unwillkürlich nach innen. In unserer Zeit, die wirklich verteufelt ist und viel guter Kräfte bedarf, sollen die Menschen sich mit dem Gefühl hinsetzen, es gehe von ihnen eine gute Kraft in die Welt.

Selbsterkenntnis durch Kreativität

In Todtmoos-Rütte gibt es eine ganze Reihe von Therapieformen, die geübt werden. Da ist vor allem das »geführte Zeichnen« von Frau Maria Hippius. Was ist das?

Das geführte Zeichnen ist ein Zeichnen, dessen Führer nicht ein Therapeut ist. Der Führer ist vielmehr in uns selbst. Wir sind von innen her geführt, wenn wir tun und lassen können, was wir wollen. Mit dem Stift auf dem Papier werden wir zu ganz bestimmten Bildern hingeführt.

Ich gebe Ihnen ein einfaches Beispiel: Der Schüler wird angewiesen, zunächst einmal große Wellenlinien zu malen. Sobald er das auch nur zwei Minuten lang macht, hat er unweigerlich das Erlebnis von Ying und Yang im Zeichnen.

Nach einiger Zeit kommen ganz von selbst Bilder, in denen sich Biographisches zeigt. Ein Beispiel: Eine Frau sieht plötzlich das Kind im Mutterleib, und in dem Augenblick fällt ihr ein, warum ihr Verhältnis zu ihrer Tochter heute so schlecht ist. Weil sie, während sie schwanger war, eigentlich kein Kind haben wollte. Sie entdeckt also über das geführte Zeichnen, daß sie nicht geführt wird von außen, sondern von einer inneren Instanz. Sie entdeckt Wichtiges über ihr eigenes Leben und über ihren eigenen Charakter.

Dann gibt es die Arbeit mit Tonerde.

Da hat der Schüler ein Feld mit weichem Ton vor sich.

In welcher Größe etwa?

Von etwa einem Quadratmeter. Nun kann er machen, was er will. Er greift zum Beispiel in den Ton hinein, er fängt an, darin zu wühlen, und dann wächst ihm, ohne daß er es bewußt will, etwas in die Hand. Dabei schließt er vielleicht die Augen. Es entsteht etwas. Und was charakteristisch ist: daß dabei immer etwas entsteht, was mit dem Männlichen und dem Weiblichen zu tun hat. Ein Mann, der um sein Weibliches ringt, schafft plötzlich eine weibliche Form, und eine Frau schafft etwas Härteres, Männliches. Eine Klosterschwester sieht plötzlich zu ihrem Schrecken, daß ihr sozusagen unter den Händen ein Riesenphallusmodell erwachsen ist. Das Tonfeld, in dem man machen kann, was man will, wird zu einem Bild dessen, was einen zuinnerst bewegt, aber meistens im Unbewußten bleibt.

Und das wird dann im Gespräch mit dem Therapeuten aufgearbeitet?

Genau. Der Therapeut fragt dann: »Worum handelt es sich bei Ihnen? Was haben Sie bisher bei sich selber nicht zugelassen?« Damit wird dem Menschen etwas von ihm und seiner eigenen Tiefe klar, was eben sehr oft durch neurotische Spannungen verhindert ist.

Wenn ich noch ein Wort zu dem geführten Zeichnen sagen darf: Daß da eben immer wieder Augenblicke erlebt werden, in denen der Mensch durch eine Art Todessprung geht. Daß im Zeichnen ihm etwas zukommt und er etwas zeichnen muß und etwas erfährt, von dem er niemals geglaubt hätte, daß es beim Zeichnen zum Vorschein kommen kann.

Das ist schwer verständlich, ein Todessprung. Was habe ich mir darunter vorzustellen?

Daß jemand sich plötzlich wie vernichtet fühlt und neu aufwacht.

Und das kommt in der Zeichnung zum Ausdruck?

Ja, plötzlich ist ein Bild da, und das hat für den Betreffenden diese Bedeutung. Aber nur für ihn. Er erzählt davon, von diesem Sprung. Er wird nicht vom Therapeuten geführt, sondern von innen her, und läuft einen ganz bestimmten »gesetzlichen« Weg.

Welche Therapieformen gibt es noch bei Ihnen?

Wir haben noch die Arbeit mit Bewegungsformen: Es gibt den Tanz, auch den Kulttanz. Die Menschen reichen sich die Hand und gehen eine Stunde lang nach einer ganz bestimmten Musik im Kreis herum.

Dann gibt es auch den sehr lebhaften Tanz. Wir haben hier oft Tanzmeister, die mit ihren Schülern richtig tanzen. Es gibt noch andere Bewegungsmöglichkeiten. Neuerdings ist ein wunderbares Schwimmbad da. Das hängt zusammen mit der Leibtherapie.

Die Erdmitte des Menschen

Ein wichtiges Stichwort Ihrer Arbeit ist die personale Leibtherapie. Das heißt, in der initiatischen Therapie wird auch der Körper des Menschen sehr ernst genommen. Sie sagen, die Verwandlung des Menschen geschieht auch über den Leib!

Da haben Sie zwei Worte gebraucht: Körper und Leib. Ich mache einen Unterschied zwischen dem Körper, in dem man steht, der fit sein muß, kräftig und gesund. Wenn einem etwas fehlt, geht man zum Arzt. Während der Leib, der man ist, einen ganz anderen Sinn hat. Der Mensch muß in seinem Leib transparent sein für die immanente Transzendenz. Dem Leib also ist eine Haltung aufgegeben, in der der Mensch seine eigene Tiefe wahrnimmt.

Also ist der Leib das Ausdrucksmedium des ganzen Wesens?

Des ganzen Wesens.

Das hieße, daß ein falscher Ton in der Stimme, eine verspannte Schulter, eine sonstige Fehlhaltung nicht nur körperlich zu sehen ist, sondern zugleich eine innere Fehlhaltung andeutet?

Wobei das Kriterium sein muß: Wie weit ist der Mensch in seinem Leib verbunden mit der ihm immanenten Transzendenz? Das ist natürlich für den Neuling immer sehr schwer verständlich. »Was haben Sie nur immer mit der immanenten Transzendenz?« – »Ja«, sage ich, »es ist nun einmal so, daß jeder Mensch in seiner Tiefe einen göttlichen Kern hat.«

Immanent heißt, es ist in ihm anwesend. Transzendenz – um es noch mal ganz schlicht zu sagen – ist das Übernatürliche, das Überweltliche, der Anteil, den der Mensch in seinem Wesen am göttlichen Sein hat.

Genau! Das er spüren kann und das nicht nur eine fromme Idee ist, sondern das er erfahren kann als eine besondere Qualität.

Sie sagen, weil die körperliche Verfassung den ganzen Menschen als Person betrifft, kann sie zugleich ein Hindernis in der inneren Entwicklung sein. Können Sie das an einem Beispiel, wie etwa dieser sehr häufigen Schulterverspannung, diesen hochgezogenen Schultern, einmal verdeutlichen? Was tut sich da?

Darin kommt Mißtrauen zum Ausdruck. Das Welt-Ich ist immer besorgt, es könnte ihm etwas passieren.

Sie sagen, darin kommt die innere Fehlhaltung zum Ausdruck, und es nützt nichts, wenn ich mir einige Massagen verschreiben lasse und versuche, rein körperlich an dieses Phänomen heranzukommen?

Es nützt gar nichts.

Also ein Doppelspiel zwischen Körper und Geist, zwischen Leib und Seele, und beides ist eine Einheit, die nicht zu trennen ist?

Die nicht zu trennen ist. Man fühlt sich selbst in seiner Tiefe oder eben nicht. Ich weiß, Sie können Ihre Hand einfach auf ein Brett legen, und dann fühlen Sie, ja, das ist hart und kühl. Sie können dieses Gefühl »hart und kühl« aber nun, wenn Sie es gelernt haben, ganz, ganz tief nach innen spüren, so daß das Wort »hart«, das zuvor etwas Oberflächliches bedeutete, plötzlich eine ganz tiefe Qualität bekommt. Es gibt auch eine ganz besondere Schulung, durch die der Mensch lernt, in seiner Innerlichkeit etwas ganz anderes zu hören.

Was die richtige Haltung angeht, so gibt es eine Grundübung, der Sie ein eigenes Buch gewidmet haben: »Hara – oder die Erdmitte des Menschen«. Was ist Hara? Wir kennen das Wort von Harakiri.

Das ist die japanische Art, sich selbst zu entleiben. Aber was ist Hara? Und was verstehen Sie darunter?

Mein Hara-Buch beginnt damit, daß ein Volk, in dessen Wörterbuch das Wort »Brust heraus, Bauch herein« eine Rolle spielt, in großer Gefahr ist. Denn gerade dieses »Brust heraus, Bauch herein« fördert die Schwäche, die wir vermeiden müssen. Der Mensch mit der geschwollenen Brust und ohne Basis ist eine Gefahr.

Und wo muß der Mensch, der »richtig im Hara ist«, wie Sie es ausdrücken, seinen Schwerpunkt haben, seine Basis?

Der Schwerpunkt ist der Hara-Muskel, der unter dem Nabel liegt. Und da muß Kraft drin sein. Vom Hara aus entwickelt sich eine ganz besondere Kraft. Wenn Sie die Kraft des Haras einmal kennen, dann kann Ihnen zum Beispiel jemand einen Arm, den Sie ausstrecken, nicht einfach hochheben.

Ja, das ist ein weiterer Aspekt. Also zunächst halten wir fest, daß es nicht allein eine Sache des Körpers ist, wenn der Mensch durch die Verlagerung des Schwerpunktes nach unten einfach fester auf der Erde steht.

Er steht. Er wird standfest. Man kann ihn nicht umwerfen, weder von hinten noch von vorne. Das ist das, was mir in Japan einmal anläßlich eines Empfangs in der Botschaft deutlich wurde, als wir vor Tisch mit einem Glas Sekt in der Hand dastanden. Da sah ich plötzlich die Japaner und dachte, merkwürdig, ich könnte jedem von ihnen einen Schlag in den Rücken versetzen, und er würde sich nicht bewegen. Und jeder Deutsche, der da steht, würde vornüberfallen.

Wie schaffe ich es, den Schwerpunkt, den wir normalerweise in den angespannten Schulterpartien haben, in der Brust, nun nach unten zu verlagern, um in dieser Weise körperlich standfest zu werden, dann aber auch, wie Sie sagen, personal in der Mitte zu sein.

Das ist einfach – man muß es nur tun. Achten Sie doch einmal darauf, wie verspannt Sie in den Schultern sind. Sie können die Schultern loslassen. Oder richtiger gesagt, sich in den Schultern loslassen, sich in den Bauchbeckenraum niederlassen, sich im Bauchbeckenraum fühlen, sich im Hara spüren.

Es beginnt also mit den Schultern, die ich löse?

Das Ich, das bestehen will, ist oben verspannt. Und man beginnt die Übung mit dem Loslassen der Spannung in den Schultern. Dann Einswerdenlassen mit dem Bauchbeckenraum, Kraft hineinfügen in den Muskel, der unter dem Nabel ist, den Hara-Muskel. Und von dort aus stehen. Und wenn Sie dort stehen, dann können Sie nicht ohne weiteres umgeworfen werden.

Ist es das Hara, das den Menschen in Verbindung bringt mit der Kraft, die die Japaner »Ki« nennen?

Das Hara ist nicht dasselbe wie Ki, aber es ist, wenn Sie im Hara stehen, möglich, die Ki-Kraft in sich zu entwickeln und zu spüren.

Was ist das für eine Kraft? Und woher kommt sie?

Das ist etwas Geheimnisvolles. Ich sprach neulich mit dem Aikido-Meister in Paris darüber, und der sagte, für ihn sei Ki die Kraft, die aus der Spannung von Himmel und Erde entstehe und in jedem von uns vorhanden sei.

Also so etwas wie eine kosmische, wie eine universale Kraft?

Ja. Dieser Begriff »Ki« taucht jetzt zum ersten Mal im Wörterbuch derer auf, die sich um den Leib bemühen.

Sie sagen, diese Ki-Kraft, die können Sie nur entwickeln und in bestimmte Körperorgane fließen lassen, wenn Sie richtig im Hara sind?

Wenn ich im Hara stehe. Diese Ki-Kraft ist auch die Kraft, die viele Akrobaten anwenden, die mit dem Kopf auf einer Stuhllehne liegen und mit den Füßen auf einer anderen Stuhllehne, ohne daß sie dazwischen abgestützt werden. Sie halten sich flach wie ein Brett und erlauben obendrein noch, daß sich jemand auf sie draufstellt. Es ist nicht die Muskelkraft, sondern die Ki-Kraft, die ihnen das ermöglicht.

Sie haben einmal in einem Ihrer Bücher gesagt, daß, wenn der Mensch sitzt und im Hara ist, er seltsamerweise ein anderes Gewicht zu haben scheint.

Scheint! – Aber in Wirklichkeit eben nicht hat.

Aber er ist schwerer zu heben als...

Ja – das ist sehr merkwürdig. Ich mache immer wieder einen Versuch, wenn eine Gruppe von Menschen zu Übungen bei mir ist. Ich frage dann nach der leichtesten Person. Und wenn sich eine ganz schlanke, kleine Teilnehmerin meldet, bitte ich die beiden stärksten Männer zu mir. Ich fordere sie auf, die Dame hochzuheben. Sie scheint ihnen leicht wie ein Federball. Und dann stelle ich diese Frau ins Hara und sage, probieren Sie es noch mal. Und sie bringen diese Person nicht mehr hoch, oder nur mit größter Anstrengung. Auf der Waage hat sie dasselbe Gewicht. Aber das kennen ja schon die Kinder als das Spiel: »Wir wollen uns mal schwer machen.«

Nun kennt man von den Japanern den Satz, daß sie, wenn sie in Wut geraten, versuchen, ihr Ich von oben in den Bauch heruntergleiten zu lassen.

Ja, aber das ist nicht nur japanisch, das tut jeder Europäer, der es kennt, auch. Statt daß er sich aufregt – der Bayer sagt hinaufregt –, geht er nach unten, läßt er sich im Hara nieder.

Ein Faustschlag auf den Bauch

Graf Dürckheim, würden Sie für uns die Ki-Kraft an einem Beispiel verdeutlichen können?

Ja, ohne weiteres! – Wollen wir aufstehen?

Ja, wenn es Ihnen recht ist.

Wollen wir also erst einmal eine Hara-Übung machen, die zunächst mit Ki nichts zu tun hat. Sie geben mir beide Hände. Lassen Sie die Ellenbogen steif und bleiben Sie in dieser Haltung. Nun drücken Sie mal gegen mich, und ich drücke gegen Sie. *(Sie stemmen sich gegeneinander.)*

Und das soll im Hara geschehen?

Ja. Und jetzt bleiben Sie fest. *(Schlägt S. mit der Faust auf den Bauch).* Ich grüße alle meine Freunde mit einem Schlag auf den Bauch, und wenn sie dann kippen, sind sie nicht im Hara, haben sie keine Kraft.

Habe ich Hara im Augenblick?

Sie haben jetzt Hara, jawohl, sehr schön sogar. Und jetzt versuche ich mal, fester gegen Sie anzudrücken, und Sie versuchen, mich wegzudrücken. Das hält sich, wenn wir beide im Hara sind, etwa die Waage, nicht wahr?

So – jetzt drücken wir beide fester. Wenn ich jetzt kein Hara hätte, dann würde ich nach hinten umfallen und Sie auch. Wenn ich also drücke, können Sie das nur mit Hara aushalten.

Ein schönes Beispiel, um zu fühlen, wann man im Hara ist.

Ein zweites Beispiel ist die Übung mit dem ausgestreckten Arm: Ich strecke meinen Arm aus. Sie halten Ihre rechte Hand unter mein Handgelenk, legen die linke Hand auf meinen Ellenbogen und versuchen, meinen Arm zu biegen. Ich werde jetzt versuchen, nur mit Willenskraft zu widerstehen. *(S. biegt den Arm.)*

Jetzt lasse ich einfach den Arm ganz locker, lasse aber Ki-Kraft hinein, und Sie machen langsam denselben Versuch, meinen Arm zu biegen. Ich brauche keine Muskelkraft, sondern lasse diese Ki-Kraft in den Arm fließen. Sobald ich das mit Muskelkraft mache, sind Sie sofort überlegen. Ich lasse den Arm ganz locker, aber lasse jetzt etwas Ki-Kraft hinein.

Bitte fangen Sie an, ihn zu biegen. *(Es gelingt nicht.)* Ich merke noch nicht sehr viel von Ihrem Kraftakt.

Nein? – Ich habe mich aber sehr angestrengt.

Und jetzt kommt der dritte Versuch mit dem Ki, der vielleicht am erstaunlichsten ist: Diese zwei Finger *(Zeigefinger und Daumen einer Hand)* liegen aufeinander, ganz locker. Fühlen Sie mal. Jetzt lasse ich da etwas Ki-Kraft hinein und sage den Fingern: »Ihr bleibt jetzt beisammen!«

Wo holen Sie diese Ki-Kraft her?

Aus dem Bauch.

Das ist ein Gedanke, den Sie haben?

Ein Gedanke.

Aber der Gedanke ist Energie?

Offenbar! – Ziehen Sie langsam.

Auseinander?

Auseinander!

Dann breche ich Ihre Finger!

Nein. Einfach nur auseinanderziehen, bitte.

Ihre Finger sind wie eine Kneifzange.

Fangen Sie ruhig an.

Ich tue es. Es ist erstaunlich, ja. (Die beiden Finger sind nicht auseinanderzubringen.)

Wenn ich versuche, die Finger mit festem Willen zusammenzuhalten, dann können Sie sie ohne weiteres auseinanderziehen. Wenn ich sie ganz locker lasse und einfach sage, ihr bleibt aufeinander, dann ist es eben sehr schwer.

Es tritt also eine Tiefenkraft in Aktion, die man nicht erzeugen kann, sondern die man nur zulassen kann?

Die kann man nur lassen. Ich kann sie nicht erzeugen. Ich weiß ja nicht, was es ist.

Das ist eine schöne Demonstration, Graf Dürckheim.

Der Leib und die personale Mitte

Graf Dürckheim, in der personalen Leibtherapie sprechen Sie von der Dreizahl, der Trias Spannung, Haltung und Atmung. Über Spannung, Entspannung, Schulterverspannung haben wir gesprochen. Haltung, das ist vor allem das, was Sie mit »im

Hara sein« bezeichnen. Welche Bedeutung kommt schließlich dem Atmen zu?

Um sich zum ganzen Menschen zu entwickeln, ist der richtige Umgang mit dem Atmen sehr wichtig. Sich loslassen im Ausatmen. Sich niederlassen in den Beckenraum.

Und was wäre dann Fehlatmen?

Der Atem ist eine Weise, in der der Mensch sich entweder richtig oder falsch verhält. Und er verhält sich falsch, wenn er den Atem nur einzieht. Einatmen muß das Geschenk eines guten Ausatmens sein.

Was Sie lehren, ist, daß über das richtige Atmen eine Verwandlung der ganzen Person stattfinden kann?

Wenn der Mensch richtig atmet, ist er in bestimmter Hinsicht in Ordnung. Der Asthmatiker kann nicht ausatmen. Ich könnte einem Asthmatiker als Übung immer nur aufgeben, den ganzen Tag durch seine halbgeschlossenen Lippen auszuatmen.

Wenn Sie nun einem Menschen irgendeine Art von kleinerer Atemübung empfehlen wollen, die ihm persönlich weiterhilft in seiner nicht nur äußerlichen körperlichen Verfassung, was würden Sie ihm raten?

Vor allen Dingen immer wieder ausatmen. Das Ausatmen ist das Gegenteil von einem Schreckatmen.

Im Ausatmen werden Sie ruhig. Im Ausatmen gewinnen Sie Gelassenheit. Gelassen sein – das Wort sagt ja schon vieles.

Kann ich aber nicht auch die Luft, die ich einatme, sozusagen imprägnieren mit Gedanken? Gedanken etwa der Ruhe, der Harmonie? Und indem ich diese Gedanken mit Energien – Gedanken sind ja Energien – auflade, erzeuge ich damit nicht eine bestimmte Wirkung?

Sicher, aber es fragt sich, ob Sie einatmend in eine ruhige Verfassung kommen können.

Immer vorausgesetzt, daß ein ruhiges und volles Ausatmen da ist, könnte doch das Einatmen vielleicht...

Ja, wenn Sie in vollem Maße richtig ausatmen, wird das Einatmen automatisch richtig sein.

Wenn der Mensch im Hara ist, ist er in seiner Mitte. Sie sagen, in seiner personalen Mitte?

Ja, er ist also nicht nur körperlich in seiner Mitte, sondern auch menschlich. Das heißt, er ist nicht an seiner Peripherie. Wenn ein Mensch in seiner Mitte ist, dann ist er nicht aufgeregt, ist er gelassen, kann er alles Mögliche ertragen. Wenn ein Mensch leicht gekränkt ist, wenn er nervös ist, weil er einen Vortrag halten soll, dann ist er aus seiner Mitte herausgefallen. In seiner Mitte sein bedeutet auch »in Ordnung« und fähig sein, über die Kräfte, die man hat, auch wirklich zu verfügen.

Sie sehen es aber auch in einer tieferen Dimension. Wenn das Wort von der Mitte gesprochen wird, dann denkt man gerne an das Paulus-Wort: »In ihm weben wir, in ihm leben wir, in ihm sind wir.« Ist auch in einem höheren Sinne für Sie Christus die Mitte?

Unbedingt. Ich meine, wenn jemand in Christus ist oder Christus lebt oder – sagen wir mal – gewisse Formen, Mantren hat, in denen Christus eine Rolle spielt, dann ist das natürlich verbunden mit dem natürlichen Ein- und Ausatmen oder Aus- und Einatmen. Nehmen Sie ein Mantra, sagen Sie zum Beispiel beim Einatmen »Jesus Christus« und beim Ausatmen »Weg, Wahrheit, Leben«. Wenn Sie beim Einatmen »Jesus Christus« sagen, laden Sie sich quasi mit dem Christus-Bewußtsein auf. Dann haben Sie ein Mantra an die Präsenz von Christus in Ihnen geknüpft. Und das ist eine Art Gebet.

Es ist interessant, daß jeder, der etwas von Übungen versteht, weiß, daß die Wiederholung, die ewige Wiederholung der Übung wichtig ist. Der Japaner sagt, damit etwas eine geistliche Bedeutung bekommen kann, muß es einfach sein und wiederholbar. Also genau das Gegenteil von dem, was der Europäer denkt. Für ihn ist es ein Stumpfsinn, immer dasselbe zu tun. Er sagt: »Die plappern ja wie die Heiden«, weil er bei den Heiden die ewige Wiederholung derselben Bewegung sieht. Zum Beispiel ein Tanz im Kreise, tam tatamta, tamta, tam tatamta tamta. Wenn Sie das vier Stunden machen, dann kommen Sie natürlich geistig in eine ganz andere Verfassung, in einen ganz anderen Zustand. Und gerade in der Wiederholung des Atmens haben Sie die Chance, eben in dieser Weise in eine tiefere Dimension des Geistes zu kommen.

Das alles macht noch einmal deutlich, daß hier eine Wechselwirkung besteht, daß ich über die Haltung des Körpers auf die seelische Verfassung einwirken kann.

Unbedingt.

Indien

Welchen Einfluß hat Indien auf Ihre geistige Entwicklung gehabt?

Ich habe Indien 1974 als Reisender kennengelernt. Der Kultusminister von Indien hatte mich eingeladen, und durch ihn kam ich gleich am zweiten Tag mit Indira Gandhi zusammen. Er hatte ihr nämlich mein Buch über Hara gegeben. Das interessierte sie enorm. Sie fragte mich: »Wen haben Sie hier kennengelernt?« Ich sagte: »Vor allen Dingen Anandamayi Ma.«

Können Sie uns etwas über diese Begegnung mit der – darf man wohl sagen – großen Heiligen Anandamayi Ma sagen, der »Mutter der großen Glückseligkeit«?

Ich sah sie zum erstenmal als einer von den Pilgern, die an ihr vorbeizogen. Sie lag da auf einem Diwan und klopfte mit der Hand, während das Volk draußen immer »Hara, Hara, Krishna, Krishna, Krishna«, rief.

Als ich ihr am darauffolgenden Tag begegnete, betrachtete sie mit Interesse ein Foto von Todtmoos, das ich ihr gegeben hatte, und sagte: »Ich möchte Sie noch einmal sehen.«

Am nächsten Tag habe ich sie dann in ihrem Haus besucht. Das war eindrucksvoll. Sie fragte mich, was ich mir wünsche. Ich sagte: »Ich wünsche nichts als eine viertel Stunde still bei Ihnen sitzen zu können.« Und dann saß sie auf dem Sofa, ich auf dem Boden. Als wir nach einer viertel Stunde aufstanden, sagte sie: »Heute habe ich ein Geschenk bekommen. Ich habe zum erstenmal erfahren, was Christsein heißt.« Das war für mich sehr überraschend, denn ich hatte weder über Christus gesprochen noch besonders an Christus gedacht. Aber sie merkte doch diesen anderen religiösen Grund in mir.

Als ich mich von ihr verabschiedete, drückte sie ihre Stirn an meinen Kopf und sagte: »Wissen Sie, eines möchte ich Ihnen mit auf den Weg geben. Der Tropfen im Meer weiß wohl, daß er im Meer ist. Aber er weiß selten, daß das ganze Meer auch in ihm ist.« Das war das letzte Wort, das ich von Anandamayi Ma mitnahm.

Das muß Sie sehr angerührt haben als Kenner von Meister Eckart, der für die menschliche Seele auch das Bild vom Tropfen im großen Ozean benutzt.

Ja, das hat mich wirklich sehr getroffen.

Hatten Sie ähnlich bewegende Begegnungen in Indien?

Zweifellos war die Begegnung mit Anandamayi Ma die bewegendste. Ich war noch einem weiteren Meister auf der Spur. Als ich endlich zu seinem Häuschen fand, sagte mir seine Frau, ihr Mann sei in Delhi. Also fuhr ich wieder zurück nach Delhi und fand einen kleinen, schmächtigen Mann, der gerade eine Zeremonie abhielt. In einem kleinen Raum, in dessen Mitte ein Feuer brannte, hatte er etwa 20 Leute um sich. Mit den Worten »Hara Krishna, Hara Krishna« warfen sie immer wieder Papier – das stand für ihre Sünden – in das Feuer.

Dann bat er mich, ich solle mich ihm gegenübersetzen. Er saß am einen Ende des Sofas und ich am anderen, und während der Meditation sahen wir uns einfach gegenseitig ins Auge, ganz still. Er war offenbar nicht gewohnt, einen Europäer zu sehen, der in dieser Weise still sitzen und dasein kann.

Sie hatten in Indien noch eine Begegnung mit Muktananda?

Ja, in Ganeshpuri, wo er seinen Ashram hatte. Etwa 2000 Menschen, die man aber nicht zu sehen bekam, waren zur gleichen Zeit seine Schüler, einige Hundert von ihnen sangen vor einer Skulptur seines Vaters den ganzen Tag: »Hara Krishna, Hara Krishna.«

Zunächst sah ich ihn von meinem Bungalow aus, als er einen Elefanten fütterte. In seinem Haus war unten ein großer Meditationsraum, und darüber lag seine Wohnung. Ein Gang führte um diese Wohnung herum, in dem man meditieren konnte, und dort war ein Platz, wo man auf ihn warten konnte. Er kam und war eine Weile da. Das war sehr eindrucksvoll für mich und sehr bewegend. Als er einiges mit mir gesprochen hatte – er bereitete sich gerade auf eine Reise nach Deutschland vor – und ich ihm einige Tips gegeben hatte, beugte er sich herunter und schloß mich in seine Arme. Wenn ein solcher Mann Sie plötzlich überraschend in den Arm nimmt, das ist schon ein sehr starkes Erlebnis.

Der innere Meister

Das wirft die Frage nach dem Meister auf, nach dem Führer auf dem inneren Weg. Mit dem Begriff des Meisters sind die Inder seit eh und je vertraut. Graf

Dürckheim, Sie haben ein eigenes Buch über den Meister geschrieben. Es ist für viele Menschen im Westen ein Problem geworden, wenn ihre Kinder zu indischen oder japanischen Meistern gehen.

Die Frage nach dem Meister hat natürlich sehr viele Aspekte. Der erste und wichtigste ist, daß jeder seinen Meister in sich hat, daß der Meister nicht nur als eine Figur gesehen werden darf, der man draußen in der Welt begegnet, sondern eine maßgebende Instanz bedeutet, die im Menschen ist.

Was natürlich eine abendländische Tradition ist, wenn wir etwa an den Daimon des Sokrates denken, die innere Stimme, die er Daimon nannte und die ihm in seinem Leben den Weg wies.

Es ist genau das. Insofern ist der Begriff des Meisters etwas, das auch wir kennen. Wenn man im Osten vom Meister spricht, meint man jemanden, der auf eine besondere Weise fähig ist, einen auf den Weg zu bringen. Aber eigentlich hat jeder geistige Mensch seinen Meister in sich. Er muß nur darauf hören, und das ist in keiner Weise bequem, denn der Meister fordert von Ihnen ja immer die Verwirklichung Ihres eigentlichen Potentials.

Sie würden also sagen, daß es Sinn machen kann, wenn ich mich von einem weiter fortgeschrittenen Menschen führen lasse, so wie das ja auch in katholischen Exerzitien der Fall ist, aber letztlich mit dem Ziel, den inneren Meister zu finden?

Unbedingt, und ich glaube, jede echte Erziehung meint eigentlich eine Möglichkeit, im anderen Menschen jenes Gewissen wachzurufen, das ihm genau das sagt, was er zunächst einmal von außen gesagt bekommt.

Also der Meister, der abhängig macht...

... ist eigentlich kein Meister.

Er muß den Menschen zu seiner eigenen Reife führen.

Zu seiner eigenen Reife führen und es auch ertragen, wenn der Schüler weggeht und sagt: »Ich gehe jetzt zu einem anderen Meister.« Ich halte es für sehr fruchtbar, wenn junge Menschen, die sich einem Meister verschrieben haben, sagen: »Nun habe ich hier, glaube ich, aufgenommen, was ich aufnehmen konnte. Nun will ich jemand anderen anhören.«

Ich glaube, es ist ein sehr wichtiger Aspekt, daß eine Lehrerpersönlichkeit, die einem viel geben kann, dieses häufig nur für eine bestimmte Wegstrecke zu tun vermag. Dann muß der Schüler nach einem neuen Lehrer Ausschau halten, der ihn weiterführen kann.

Und das Ziel findet er, wenn er entdeckt, daß er den eigentlichen Meister in sich selbst hat. Die Frage ist nur, ob es jemandem gelingt, ihm das Ohr zu öffnen, damit er die Stimme des inneren Meisters hört. Das

ist der Unterschied zwischen der Treue zu einer
Ethik, die in einer bestimmten Gesellschaft gilt, und
der Lebensweise eines unabhängigen Menschen.
Eine gute Erziehung öffnet dem Menschen den Weg
zu seiner eigenen Persönlichkeit, damit er so leben
kann, daß er selber immer weiter wächst. Es gibt oft
Gemeinschaften von Menschen, die ihre Mitglieder
einer bestimmten Erziehung unterwerfen, doch in
Wirklichkeit die Entwicklung des einzelnen dadurch
blockieren, daß sie ihn an Formen und Manieren
binden.

Die Wirklichkeit des Göttlichen

Viele Menschen stoßen sich an bestimmten Glaubensvorschriften und Dogmen in den christlichen Kirchen. Verstellen sie sich damit nicht leicht den Zugang zum religiösen Erleben überhaupt?

Ja, verstellt ist das, was ich den Durchbruch zum Wesen nenne, all den Menschen, die sich unter Religion nichts anderes vorstellen können als den Glauben, so wie die Kirche ihn lehrt.

Ist es nicht so, daß manchmal auch die Tatsache, daß man ein Glaubensbekenntnis hat, die Gefahr birgt, daß man sich gegen tiefere Seins-Erfahrungen abschottet – gerade, weil man sich im Glauben beruhigt hat und mit Gott in Einklang weiß?

Durchaus. Ich kann Ihnen ein konkretes Beispiel erzählen. Eine Nonne aus der Schweiz, die hier gewesen war, schrieb mir einen Brief: »Ich bin sehr froh, bei Ihnen etwas von der immanenten Transzendenz erfahren zu haben. Allmählich fällt der Gips ab. Und was ist der Gips bei mir gewesen? Ein Glaube, der in nichts anderem bestand, als an die Lehre der Kirche zu glauben.« Da tritt das Lehrgebäude der Kirche an die Stelle einer Glaubenserfahrung.

Und Sie sagen: Diese Erfahrung ist nicht an eine bestimmte Konfession gebunden?

Ich würde sagen: Jede Glaubenslehre wird nur dann wirklich zu einer religiösen, wenn sie den Menschen von innen ergreift und ihm den Zugang zu einer bestimmten Erfahrung öffnet. Ich würde also die Erfahrung des Göttlichen in die Mitte des Religiösen stellen und nicht den Glauben an eine bestimmte Formel.

So verdanken Ihnen viele Priester und Ordensleute, daß sie den inneren religiösen Kern in sich selbst gefunden haben.

Ich selber würde so weit nicht gehen.

Wenn der Mensch im Grunde, das heißt in seinem Wesen, ein Ausdruck des göttlichen Seins ist, wie Sie sagen, ist es dann nicht so, daß das Göttliche und der Mensch in eins zusammenfallen? Sind wir da nicht ganz nahe bei der Gotteslästerung?

Ich würde sagen, daß mit jeder Blume, mit jedem Baum, mit jedem Berg und mit jeder Landschaft etwas in die Welt hineinwächst, das nicht der Mensch gemacht hat und machen kann. Das ganze Leben, das uns umgibt, ist ein einziges Geheimnis der Offenbarung Gottes.

Aber es ist nicht Gott.

Es ist nicht Gott. Aber in der Welt und im Menschen das Göttliche zu sehen und zu spüren, das ist eine Aufgabe der rechten Erziehung des Menschen.

Sie sagen doch mit Meister Eckart, daß im Menschen der göttliche Funke vorhanden ist. Insofern hat er ja mit seinem Wesen teil am Göttlichen.

Unbedingt. Ich würde aber auch sagen, daß jeder Baum in seinem Wesen teil hat am Göttlichen. Das Leben als Ganzes ist eine Manifestation des Göttlichen.

Da machen Sie keinen Unterschied zwischen Baum und Mensch?

Zunächst einmal nicht, nur hat der Mensch noch einen Verstand, der sagt: »Das ist gut und das ist böse.« Damit fällt er aus der Geborgenheit im göttlichen Sein heraus. Er ist in der Lage, Dinge zu tun, die dem Leben als Leben widersprechen.

Zum Stichwort »Dualismus«: Wenn Sie sagen, im Sein sei die ganze Gegensätzlichkeit von Ich und etwas anderem, Ich und Du, Ich und Gott aufgehoben, wo ist da das göttliche Gegenüber, die personale Begegnung mit dem Göttlichen?

Die personale Begegnung mit dem Göttlichen, so wie Sie es ausdrücken, impliziert ein Gegenüber. Das, worum es letzten Endes geht, ist die Einswerdung. Der Mensch erfährt sich selbst als Hörer und Sprecher des Göttlichen. Und es ist keine Gotteslästerung, vom inneren Christus zu sprechen. Wo soll das Göttliche denn sein, wenn nicht in uns Menschen?

Sie würden also sagen, daß in der Einheit, die der Mensch in der mystischen Vereinigung, der unio mystica, erfährt, alle Gegensätze aufgehoben werden?

Ja. In dieser Aufhebung aller Gegensätze spricht das All-Eine zu uns. Das ist eine ungewöhnlich tiefe Erfahrung.

Sie würden sagen: In dieser unio mystica, in dieser Vereinigung mit dem göttlichen Sein, sind Gott und Mensch, auch Gott und Natur nicht mehr als Gegensatz begreifbar, sondern ...

... sondern als Stimme des Gewissens, als ein Auftrag, als ein Wort sozusagen, das uns den Weg weist. Ich glaube, daß das Göttliche insofern in uns Wirklichkeit ist, als es uns einen bestimmten Weg weist und nicht einen Status fixiert.

In welcher Weise würden Sie das Wort Glaubenserfahrung erläutern?

Dazu kann ich ein Beispiel geben. Ich erinnere mich an einen Traum. Ich befand mich in einer Kirche und sah plötzlich mit meinen leibhaftigen Augen Christus, so deutlich, daß ich ihm die Hand geben wollte. Dieses Bild war ungeheuer stark, so stark, daß es mir im Traum die Frage entlockte: »Was ist denn das?« Und in dem Augenblick, da ich die Was-ist-das-Frage stellte, zerfiel das Bild zu Staub. Das war eine große Lehre für mich. Wenn ich in die überweltliche Wirklichkeit vorstoße, darf ich die Frage »Was ist das« nicht mehr stellen. Mit dem »Was ist das?«, mit dem Bemühen, dieses Überweltliche in eine weltliche Ordnung einzubinden, zerstört man es.

Bei Meister Eckart heißt es, daß die Erfahrung des Seins die Aufhebung aller Gegensätze ist. Das hieße ja auch die Aufhebung des Gegensatzes zwischen Gott und Mensch, zwischen Ich und Du.

Unser menschliches Bewußtsein ist ja auf ein Gegenüber eingestellt. Ich glaube, wenn wir in die religiöse Dimension eintreten, ist das die Einlaßkarte dafür, eins zu werden mit dem überweltlichen Sein und nicht zu sagen: »Ich bin hier, Gott ist dort. Ich bin hier, Christus ist dort.« Die Erfahrung der Einheit des Menschen mit dem Göttlichen ist die Voraussetzung für einen lebendigen Glauben, der nicht der Glaube an eine Lehre ist, sondern Ausdruck einer Erfahrung.

Die dann in der Welt auch zum Ausdruck kommt?

Ja, ein Mensch strahlt das einfach aus. Ob ein Mensch einen Rückhalt hat in einer anderen Dimension, wird deutlich an dem, was er ausstrahlt für die anderen, nicht in dem, was er erzählt und bekennt. Nicht wahr, es gibt den glaubwürdigen Priester, aber auch den, der nur die Erscheinung eines Priesters ist, der mit dem Kopf leicht nach links geneigt geht und darin im Grunde genommen schon zum Ausdruck bringt, daß er eigentlich nicht geradewegs im Göttlichen steht. Seit meiner Kindheit ist es mir verdächtig, wenn ich den katholischen oder auch evangelischen Pfarrer in einer solchen Haltung sehe. Soll das demütig sein, daß er nicht gerade geht?

Letzte Dinge

Sie haben schon als 18jähriger Soldat im Ersten Weltkrieg dem Tod ins Auge geschaut. Was bedeutet heute für Sie der Tod?

Dem Tod geht das Sterben voran, und das Sterben ist für mich ein großes Thema, die Frage, in welcher Weise ein Mensch stirbt, in welcher Weise er »ja« sagt.

Zunächst ist es wichtig zu wissen: Wenn der Arzt den Exitus feststellt, ist der Mensch noch keine Leiche, sondern wir erleben dann mit einer gewissen Regelmäßigkeit, daß das, was ich das Wesen nenne, noch mal in das Gesicht einschießt und auf diesem Gesicht zum Ausdruck bringt, was man die Verklärung des Antlitzes nennt. Die Verklärung des Antlitzes erfolgt nach dem Tod. Bei meiner Frau kam sie einige Stunden später, bei meinem Bruder erst am nächsten Tag und hielt zwei Tage an. Da kann man nur sagen: Das ist doch keine Leiche. Hier lebt noch sichtbar eine andere Dimension.

Über das Leben nach dem Tod habe ich noch keine Erfahrung. Aber ich kann mir – wie jeder andere Mensch auch – darüber Gedanken machen. Ich bin persönlich der Überzeugung, daß das Leben weitergeht und die Arbeit des Menschen an sich selbst auch. Das Leben nach dem Tode ist nach meiner Überzeugung nicht einfach ein Eingehen in eine Herrlichkeit und Seligkeit und Stille, sondern das Leben geht dort weiter, wo wir es hier abgeben.

Geht es nicht irgendwann, wenn der Weg weiter und weiter vorangeschritten ist, doch in die Einheit zurück?

Ja, das kann man sich so vorstellen. Ich glaube persönlich daran, daß das Leben nach dem Tode nicht einfach zu Ende ist, sondern weitergeht, und daß unter anderem dieses Weitergehen auch darin besteht, daß der Mensch die Verwandlung seines inneren Wesens zum Göttlichen weiter zu pflegen hat.

Was ist der Auftrag des Menschen zwischen Geburt und Tod?

Person zu werden, das heißt, ein Mensch zu werden, durch den das Überweltliche hindurchtönt, das er in seinem Wesen ist, so daß er schließlich als eigentlichen Sinn seines Lebens sich selbst als Zeuge des Unendlichen in der Welt erfährt.

Anhang

Anmerkungen

1 Karlfried Graf Dürckheim wurde am 24. Oktober 1896 in München als erstes Kind von Friedrich Graf Dürckheim (1858-1939) und seiner Ehefrau Charlotte, geb. von Kusserow (1869-1959) geboren.
2 Alexandrine Gräfin Toll, die Großmutter väterlicherseits (1831-1899).
3 Dürckheim wurde zunächst wie seine vier jüngeren Geschwister privat unterrichtet. Ab Ostern 1906 besuchte er das humanistische Gymnasium, dann das Realgymnasium in Koblenz.
4 Nach dem Umzug der Familie nach Weimar wurde Dürckheim zunächst von einem Hauslehrer unterrichtet; ab Ostern 1912 besuchte er das Weimarer Großherzogliche Realgymnasium.
5 Wenige Tage nach dem Ausbruch des Ersten Weltkrieges legte Dürckheim in Weimar die Notabitur-Prüfung ab. Am 1. September 1914 kam er als Fahnenjunker zum Königlich-Bayerischen Infanterie-Leibregiment.
6 Eva Maria (Enja) von Hattingberg, geb. Baur (1888-1939), war mit dem Arzt und Psychotherapeuten Hans von Hattingberg (1879-1944) verheiratet. Die Ehe wurde 1920 geschieden. Graf Dürckheim und Enja heirateten am 3. Juni 1923 in Weimar.
7 Der Titel von Dürckheims Dissertation: »Erlebnisformen – Ansätze zu einer analytischen Situationspsychologie«.
8 Dürckheim arbeitete seit August 1925 als Volontärassistent und seit 1927 als Assistent am Psychologischen Institut.
9 Dürckheim lernte die 1909 geborene Maria Theresie Winterer 1929 kennen. Sie wurde 1932 promoviert. 1947 begegnete Dürckheim der inzwischen verwitweten Maria Hippius wieder. Dies war der Beginn einer über vier Jahrzehnte

währenden Lebens- und Arbeitsgemeinschaft. Sie heirateten 1985.

10 1939 habilitierte sich Dürckheim mit der Schrift »Erlebniswirklichkeit und ihr Verständnis – Systematische Untersuchungen« an der Universität Leipzig. Die Stationen seiner akademischen Laufbahn: 1931 Professor an der Pädagogischen Akademie in Breslau; 1932 Professor an der Pädagogischen Akademie (Hochschule für Lehrerbildung) in Kiel.

11 Antonie Springer.

Über Karl Schnelting

geboren 1930 in Emmerich;
Philologiestudium in Münster, in den USA und Frankreich;
Jurastudium in Bonn, Assessor jur.;
1965–1968 Geschäftsführer der Werbefunk Saar GmbH;
1968–1976 Programmdirektor Fernsehen des Saarländischen
    Rundfunks;
1971–1976 Koordinator des Familienprogramms der ARD;
Seit 1976 Leiter der Hauptredaktion Kultur des ZDF.

Karlfried Graf Dürckheim: Bibliographie

Bibliographische Übersichten über das literarische Schaffen sind enthalten in: Maria Hippius (Hg.): Transzendenz als Erfahrung. Beitrag und Widerhall. *Festschrift zum 70. Geburtstag von Graf Dürckheim.* Weilheim 1966.

Rüdiger Müller: Wandlung zur Ganzheit. Die Initiatische Therapie nach Karlfried Graf Dürckheim und Maria Hippius. Freiburg 1981.

Manfred Bergler: Die Anthropologie des Grafen Karlfried von Dürckheim im Rahmen der Rezeptionsgeschichte des Zen-Buddhismus in Deutschland. Ein Beitrag zur Begegnung von Christentum und Buddhismus. (Diss.) Erlangen-Nürnberg 1981.

I. Werke

im O. W. Barth Verlag Weilheim, jetzt Bern-München:
Japan und die Kultur der Stille (1949)
Im Zeichen der Großen Erfahrung (1951)
Hara, die Erdmitte des Menschen (1954)
Der Mensch im Spiegel der Hand (in Gemeinschaft mit
    Ursula von Mangoldt) (1955)
Zen und wir (1961)
Wunderbare Katze und andere Zen-Texte (1964)
Überweltliches Leben in der Welt. Der Sinn der Mündigkeit
    (1968)
Der Ruf nach dem Meister (1972)
Der Weg, die Wahrheit, das Leben. Gespräche über das Sein,
    mit Alphonse Goettmann (1981)

im Hans Huber Verlag, Bern-Stuttgart:
Durchbruch zum Wesen (1954)
Erlebnis und Wandlung (1956)
Der Alltag als Übung (1961)

im Herder Verlag, Freiburg:
Vom doppelten Ursprung des Menschen. Als Verheißung, Erfahrung, Auftrag (1973 = Herderbücherei Nr. 480)
Meditieren, wozu und wie? Die Wende zum Initiatischen (1976)
Von der Erfahrung der Transzendenz (1984)

im N. F. Weitz Verlag, Aachen:
Sportliche Leistung und menschliche Reife (1964; 1986)
Ton der Stille (1986)
Weg der Übung – Geschenk der Gnade I/II (1988)
Weisheit und Liebe

Übersetzungen einzelner Titel liegen vor in englischer, niederländischer, französischer, spanischer und italienischer Sprache.

II. Sekundärliteratur

Manfred Bergler: Die Anthropologie des Grafen Karlfried von Dürckheim... (wie oben).
Karlfried Graf Dürckheim (Hg.): Der zielfreie Weg. Im Kraftfeld initiatischer Therapie. Freiburg 1982.
Maria Hippius (Hg): Transzendenz als Erfahrung... (wie oben)
Rüdiger Müller: Wandlung zur Ganzheit... (wie oben).
Silvia Ostertag: Einswerden mit sich selbst. Ein Weg der Erfahrung durch meditative Übung. München 1981.
Rüdiger von Roden: Heilwerden durch sich selbst.
    Einführung und Einübung auf den initiatischen Weg. Freiburg 1982 (Herderbücherei 995)

Ders.: Sich selbst zur Heimat werden. Freiburg 1987
 (Herderbücherei 1343)
Gisela Schoeller: Heilung aus dem Ursprung. Praxis der
 Initiatischen Therapie nach Karlfried Graf Dürckheim
 und Maria Hippius. München 1983.

Quelle:

Wehr, Gerhard: Karlfried Graf Dürckheim: Ein Leben im Zeichen der Wandlung, München 1988

Karlfried Graf Dürckheim: Lebensdaten

1896 24. Oktober: Karlfried (d. i. Karl Friedrich Alfred Heinrich Ferdinand Maria) Graf Eckbrecht von Dürckheim-Montmartin in München geboren als erstes Kind von Friedrich Graf Dürckheim (1858–1939) und seiner Ehefrau Charlotte von Kusserow (1869–1959).
Kindheitsaufenthalte in Steingaden/Obb. und Schloß Bassenheim bei Koblenz, dann in Weimar.

1906 ab Ostern: Besuch des humanistischen Gymnasiums, dann des Realgymnasiums in Koblenz.

1912 ab Ostern: Besuch des Realgymnasiums in Weimar.

1914 6. August: dort Notabitur angesichts Ausbruch des Ersten Weltkriegs.
1. September: als Fahnenjunker beim königlich-bayerischen Infanterie-Leibregiment.
Dezember: Mit der Einheit an die Front, wo er auf wechselnden Kriegsschauplätzen bis zur Kapitulation der deutschen Armee im Herbst 1918 im Einsatz war.

1915 15. März: Beförderung zum Leutnant (die offiziellen Daten variieren jedoch!)

1918 Nach Rückkehr von der Front verschiedene antirevolutionäre Aktivitäten in München.

1919 13. Juni: Auf eigenen Antrag wird die Entlassung aus dem aktiven Heer bescheinigt. – Beginn des Studiums der Nationalökonomie, dann der Philosophie und Psychologie in München, bis Wintersemester 1920/21.

1921 Fortsetzung des Studiums in Kiel.

1923 3. März: Promotion an der Universität Kiel zum Dr. phil. mit der Dissertation »Erlebnisformen – Ansätze zu einer analytischen Situationspsychologie«.
3. Juni: In Weimar Trauung mit Enja (d. i. Eva Maria) Baur, geschiedene von Hattingberg (1888–1939).

1924/25 Italien-Aufenthalt, u. a. Arbeit an einer »Einheitsphilosophie«.

1927 1. November: Als planmäßiger Assistent unter Felix Krueger und Hans Freyer am Psychologischen Institut der Universität Leipzig.

1930 17. Februar: Habilitation für Philosophie an der Universität Leipzig mit einer Arbeit über »Erlebniswirklichkeit und ihr Verständnis – Systematische Untersuchungen«. Unter anderem: Vorlesungen am Bauhaus in Dessau und an der Fichte-Volkshochschule in Leipzig.

1931 31. August: Professur an der Pädagogischen Akademie Breslau.

1932 1. April: Professur an der Hochschule für Lehrerbildung in Kiel.
Juni: Nach Aufgabe des Gutes in Steingaden verlassen die Eltern Oberbayern.
November: Umhabilitation an die Universität Kiel mit der Venia legendi für Philosophie und Psychologie.

1934 Mai bis Oktober: Im Auftrag von Reichserziehungsminister Bernhard Rust Reise nach Südafrika; Teilnahme an der Tagung der New Education Fellowship; anschließend kultur- und schulpolitische Reise durch das Land.

1935 1. Juni: Als außenpolitischer Mitarbeiter im »Büro Ribbentrop« in Berlin; gemäß Verfügung von Rudolf Heß, dem »Stellvertreter des Führers«, gleichzeitig mit Fragen des Auslandsdeutschtums betraut; zahlreiche Auslandsreisen, besonders nach England.

1937 31. Dezember: Offizielle Beendigung der Tätigkeit im »Büro Ribbentrop«.

1938 7. Juni bis 4. März 1939: Erste Japan-Reise; u. a. erste Begegnung mit dem Zen-Buddhismus, Teilnahme an einer Tee-Zeremonie.

1939 9. November: Tod Enjas.
10. Dezember: Tod des Vaters.

1940	Januar: Aufbruch zum zweiten Japan-Aufenthalt. Februar 1941: Beginn der Unterweisung und Übung in der Kunst des Bogenschießens.
1945	16. Oktober: Verhaftung durch die amerikanische Besatzungsmacht in Japan wegen Spionageverdachts für NS-Deutschland; interniert im Sugamo-Gefängnis in Tokio; dort etwa seit Mai 1946 der Entschluß, künftig psychotherapeutisch tätig zu sein.
1947	Mai: Repatriierung per Schiff nach Deutschland und Entlassung; Wiederbegegnung mit der Familie in Steingaden. November: In Kaufbeuren und Steingaden Wiederbegegnung mit der inzwischen verwitweten Maria Hippius, die damit begonnen hatte, für sich und ihre Kinder in Todtmoos eine neue Existenz zu begründen.
1948	Juni: Graf Dürckheims erster Besuch in Todtmoos. Es reift der Entschluß, gemeinsam mit Maria Hippius mit dem Aufbau einer psychotherapeutischen Wirksamkeit zu beginnen.
1951	Übersiedlung nach Todtmoos-Rütte, wo die »Existentialpsychologische Bildungs- und Begegnungsstätte«, zugleich Schule für »Initiatische Therapie«, entsteht.
1959	19. November: Tod der Mutter.
1971	5. Februar: Verleihung der Ehrenplakette der Humboldt-Gesellschaft im Rittersaal des Mannheimer Schlosses.
1977	15. September: Verleihung des Bundesverdienstkreuzes 1. Klasse im Rathaus von Todtmoos.
1981	26. September bis 4. Oktober: »Rütte-Woche« anläßlich des 30jährigen Bestehens der Bildungsstätte.
1985	4. Juni: Eheschließung mit Maria Hippius, geb. Winterer, in Todtmoos.
1988	28. Dezember: verstorben in Todtmoos

Über die Reihe
»Zeugen des Jahrhunderts«

Die Sendereihe »Zeugen des Jahrhunderts«, 1978 von Dieter Stolte und Karl Schnelting ins ZDF-Programm gebracht, stellt Persönlichkeiten vor, deren Lebensgeschichte zugleich Zeitgeschichte ist. Zeugen des Geschehens: Frauen und Männer unterschiedlicher Herkunft, unterschiedlicher Berufe und unterschiedlicher Ansichten und Überzeugungen, denen eines gemeinsam ist: ihre Ausdrucksfähigkeit in der deutschen Sprache und die Kraft, reflektierte Erfahrungen und Erinnerungen mitzuteilen.

Mit den Gesprächsaufzeichnungen entstanden Bilder des Lebens – voller Tragik oft, aber auch voller Komik. Und immer voller Weisheit. Sehr persönlich erlebt und geschildert, sind die Gespräche doch zu Dokumenten geworden, die das 20. Jahrhundert mit seinen Errungenschaften, aber auch mit seinen Katastrophen, seinen Kriegen und seinen Verbrechen spiegeln.

Viele Zuschauer der Fernsehsendungen wünschen sich eine gedruckte Fassung der Gespräche, und zwar in Verbindung mit weiterführenden Informationen zu Leben und Werk der Zeugen. So entstand der Plan, über einzelne Zeugen eine Buchveröffentlichung herauszubringen, in der das aufgezeichnete Gespräch ein wesentlicher Teil des Buches ist, die Gesamtpublikation jedoch über den bloßen Abdruck des Gesprächsverlaufs hinausgeht. Herausgeber und Redaktion haben es übernommen, jeweils einen »Zeugen des Jahrhunderts« so vorzustellen, daß jüngere Leser Erläuterungen zu Leben, Werk und Umfeld vorfinden und älteren Lesern Erinnerung und Vergewisserung ermöglicht wird.

Die Gesprächsmitschnitte für den Druck zu überarbeiten, ließ sich vor allem von dem Grundsatz leiten, die charakteristischen Eigenarten des Gesprächs, seinen Stil und die Atmosphäre der Diktion zu erhalten. Lediglich die inhaltliche und sprachliche Redundanz des frei gesprochenen Wortes wurde gestrafft, um dem Leser ein zügiges und angenehmes Verfolgen der Erzählung möglich zu machen. Gleichwohl ist auch der gedruckten Fassung eines Gesprächs vor der Fernsehkamera anzumerken, daß es sich um mündliche Kommunikation handelte. Der Zeuge hat weder eine Monographie verfaßt, noch Memoiren geschrieben, sondern sich darauf eingelassen, sich des Mediums Fernsehen zu bedienen. Ein solches Gespräch steht gewissermaßen unter dem Zeichen des »Hier und jetzt im Fernsehen«. Das bedeutet unter anderem, daß Gedanken und Fragen dem ungeplanten Fluß des Gespräches folgen, manche systematisch oder geschichtlich »fällige« Frage nicht oder erst in einem anderen Zusammenhang gestellt wird, mancher Gedanke nur in dieser Situation so und nicht anders geäußert wird. In den Glücksmomenten solcher Gespräche findet der Zeuge aus dem Augenblick im Fernsehlicht eine Erinnerung, eine Perspektive oder eine Formulierung, eine neue Einsicht in die Zusammenhänge oder ein vergessenes Gefühl für sich selbst und die Zuschauer zurück.

Daß für nicht wenige der Zeugen die freie Rede vor der Fernsehkamera ungewohnt war, wirkte sich im allgemeinen als Vorteil aus, da nicht die sonst oft übliche Medienroutine die Ursprünglichkeit der Rede verdarb.

Somit sind die Konzeption der Fernsehreihe und die Modalitäten der Aufzeichnung konstitutiv auch für die Buchreihe. Daß das gesamte Projekt »Zeugen des Jahrhunderts« für das Fernsehen der neunziger Jahre atypisch genannt werden muß – auch dies mag für das beständigere Medium Buch eher ein Vorteil sein.

Die Gespräche der Reihe sind keine schnellen Interviews mit vorformulierten Fragen und gestanzten Antworten, zum alsbaldigen Verbrauch bestimmt. Die Zeugen werden also nicht von einem »Talkmaster« vorgeführt und zur Schau gestellt; die egozentrische Selbstdarstellung des Interviewers ist ebenso störend wie die effekt- und beifallheischende Produktion von Bonmots und Kalauern.

Vielmehr lassen sich die Gesprächspartner aufeinander und auf die Möglichkeit eines zeitlich kaum beschränkten Gedankenaustausches ein. Das Ideal ist nicht das journalistisch konfrontative Interview, sondern der integrative, nachdenkliche und sympathetisch geführte Diskurs. Die wechselseitige Achtung, ja Sympathie, die geistige Wahlverwandtschaft der Gesprächspartner ist erwünscht, weil erst ein Klima des Verstehens jene Gesprächskultur ermöglicht, die hier angestrebt wird.

Die Gespräche fanden nicht in einem Fernsehstudio statt, sondern in einem Raum, der für die private oder berufliche Existenz des Zeugen kennzeichnend ist.

Auf die Aussagekraft dieser Bilder vom »Ambiente« des Zeugen muß ein Buch ebenso verzichten wie auf die Aussagekraft des Gesichtes mit seiner Mimik und seiner Geschichte. Es wäre jedoch ein Mißverständnis, wollte man ein Gespräch im Fernsehen als »bebilderten Hörfunk« auffassen. Die Sprache der Bilder fügt dem gesprochenen Wort nicht nur etwas Entscheidendes hinzu, es verändert auch die Art des Sprechens. Wer sich darauf verlassen kann, daß auch der Ausdruck des Gesichts und die Körpersprache wahrgenommen werden, formuliert anders, als wenn er sich nur auf seine Stimme und die Wörter stützen kann. Dies darf bei der Lektüre der vorgelegten Buchausgaben von »Zeugen des Jahrhunderts« nicht vergessen werden.

Die Fernsehaufzeichnungen umfassen jeweils mehr Material, als in die einzelne Fernsehsendung aufgenommen werden kann. Die zumeist auf 60 Minuten begrenzte Sendung folgt eigenen dramaturgischen Gesetzen. Die Buchausgabe stützt sich deshalb nicht auf die Sendung, sondern auf die Aufzeichnung, also auf das Gesamtmaterial des »elektronischen Archivs«, das im ZDF angelegt wurde und für eventuelle weitere Sendungen verfügbar bleibt.

Ingo Hermann